Jayc Jay

8X8 PREMIUM-INTENTIONEN

Wohlstand und Fülle
anziehen und genießen

Das 7-Tage-Programm

Allegria

MIX
Papier aus verantwortungsvollen Quellen
FSC® C083411

Allegria ist ein Verlag der Ullstein Buchverlage GmbH

ISBN 978-3-7934-2303-4

2. Auflage 2016

Lektorat: Vera Baschlakow
Umschlaggestaltung: FranklDesign, München,
nach einer Vorlage von Esther Verhouc
Fotografien (Innenteil): © Artepura Fotografie
Illustrationen (Innenteil): © Esther Verhouc
Gesetzt aus der Minion
Satz: Keller & Keller GbR
Druck und Bindearbeiten:
CPI books GmbH, Leck
Printed in Germany

Jayc Jay

8 x 8 Premiumintentionen

Wenn dir weniger nicht genug ist,
und du neugierig bist,
wie sich die Premiumvariante
materiell positiv für dich
auswirken kann.

Wichtiger Hinweis

Der Inhalt dieses Buches ist nur für Unterrichts- und Informationszwecke geeignet und sollte nicht zur Diagnose oder Behandlung von Krankheiten oder Störungen eingesetzt werden.
Es werden keinerlei ausdrückliche oder implizierte Erfolgsgarantien gegeben. Wenn Sie derzeit in Behandlung durch einen Arzt oder Heilpraktiker sind, sprechen Sie mit ihm, bevor Sie Veränderungen an Ihrer Behandlung vornehmen.

Inhaltsverzeichnis

Vorwort

Geld wird oft als als Machtinstrument angesehen und ist häufig mit Schuldgefühlen verbunden. Aber warum eigentlich? Wenn wir beispielsweise das Treiben an der Wall Street und auch das korrupter Unternehmen beobachten, erkennen wir, wie Geld in die falschen Hände geraten kann und buchstäblich verschmutzt wird. Wir werden mit Entsetzen zu Zeugen dieses Machtmissbrauchs und nehmen eine ablehnende Haltung dem Geld gegenüber ein. Wir assoziieren Wohlstand mit Macht und Macht mit Schuldbewusstsein und möchten weder damit in Verbindung gebracht werden noch diese Schuld auf uns nehmen. Aber dieses Treiben hat rein gar nichts mit dir zu tun. Das Einzige, was solche Beobachtungen mit dir zu tun haben könnten, sind deine durch Beobachtungen erschaffenen mehr oder weniger bewussten Assoziationen zum Geld. Entweder untergraben oder unterstützen sie deine Fähigkeit, Geld zu empfangen.

Diejenigen, die einen ausgewogeneren Blick auf Geld entwickeln, erkennen nämlich, dass es nur ein weiterer Aspekt der Energie unseres Geistes ist. Und diese Energie nimmt viele Formen in der physischen Welt an, wie zum Beispiel die von Liebe. Und niemand sagt: »Es ist schlimm, mehr Liebe in meinem Leben zu haben.« In der Tat suchen wir Menschen verzweifelt nach ihr. Niemand sagt: »Gib mir weniger Liebe«, selbst wenn wir beobachten mussten, wie Liebe missbraucht wird, tiefe Wunden hinterlässt und sogar zu einem Rosenkrieg führen kann. Wenn du daher glaubst, dass Geld »nur« böse sein kann und dich davon abhält, ein guter Mensch zu sein oder dich bei der Entwicklung deiner Spiritualität lähmt, sagst du unbewusst: »Gib mir weniger davon!«

Ich kann mir vorstellen, dass dir bereits viele oberflächliche Lehren über die Manifestation von Geld zugefallen sind. Solche, die sich zwar wundervoll anhören, dir jedoch nie den Erfolg gebracht haben, nach dem du dich sehnst. Kommt dir das bekannt vor? Das könnte daran liegen, dass sich nutzlose Methoden oft hinter einem Schleier von Geheimnistuerei verbergen und deinen kritischen Verstand mit »klugem« Fachjargon zukleistern. Die hilfreichsten Methoden hingegen lassen sich ganz einfach verstehen und sind teilweise sogar mit einer richtig guten Portion Humor gespickt.

So durfte ich bereits nach dem ersten Premiumintentionen-Buch von Jayc Jay beobachten, wie diverse Gegenstände in meiner Wohnung für mich arbeiten und mir täglich ein Lächeln ins Gesicht zaubern. Meine Toilette spült beispielsweise alles weg, was mir im Alltag so richtig stinkt, meine Waschmaschine flüstert mir nach jeder Nutzung frische Ideen ins Ohr, und mein inneres Faultier hat jetzt endlich seinen Allerwertesten hochgekriegt und sich in meinem Leben nützlich gemacht.

Seit der Geburtsstunde der Premiumintentionen bin ich begeisterte Anwenderin von Jayc Jays 7-Tage-Programmen und schätze mich besonders glücklich, dass ich sie als regelmäßige Autorin für eine Kolumne in meinem Magazin gewinnen konnte. Mein großer Dank gilt ihrem neuesten Werk, was du liebe Leserin und lieber Leser, gerade in deiner Hand hältst. Darin wird die Bedeutung von Geld nämlich in einer vollkommen liebevollen, unkonventionellen Art mit maximaler Wirkung neu vorgestellt.

So wirst auch du während dieses 7-Tage-Programms lernen, die Schönheit von Geld zu erkennen, mit Leichtigkeit deine Finanzen in den Griff zu bekommen und vor allem spielerisch *viel* mehr davon anzuziehen. Mit jeder gelesenen Seite treibst du weiter von deiner bekannten Küste weg, um am Ende dieses großartigen Buchs wieder neues Ufer zu gewinnen. Ein Ufer, an dem ein unendliches Potenzial darauf wartet, von dir genutzt zu werden, damit du endlich in Fülle leben kannst. Nimm dieses kostbare Geschenk von Jayc Jay an und gib deinen Finanzen eine faire Chance, sich von ihrer Schokoladenseite zu zeigen.

»Denn, wie man sagt, wo Geld vorangeht, sind alle Wege offen.« William Shakespeare

Meri Pipenbaher, Sinnreich Magazin

Eine kleine Vorwarnung von Jayc Jay

Ich beabsichtige von Herzen, dass du bereit bist, dich auf eine ganz andere Art des Geld-Anziehens und Fülle-Kreierens einlässt und mit diesem neuartigen 7-Tage-Programm eine Menge Spaß hast.

Mit dem Buch, das du in den Händen hältst, verbannst du die Zweifel an dir und dem Geldsystem ein für alle Mal aus deinem Leben. Du lernst, jederzeit auf dein Gefühl zu hören und diesem immer mehr zu folgen. Es ist keine Frage der Zeit, deines Schicksals oder der Erziehung, ob du Geld anziehst oder nicht. Und doch verlangt es eine gewisse Veränderung von dir. Fülle darf auf magische Art und Weise zu dir kommen, wenn du nun wählst, diese Variante zu leben. Das Leben meint es gut mit dir, und die Leichtigkeit darf dich von nun an täglich mehr begleiten.

Leichtigkeit, Klarheit und das Gefühl, auf dem Weg zu sein, werden sich mit jeder einzelnen Zeile in dir breitmachen. Die Zeichen schnell erkennen, Chancen frei und mit Zuversicht nutzen und dir selbst natürlich mehr zutrauen! Trau dir zu, dass du die Veränderung annimmst und in dein Herz aufsaugst wie ein Schwamm, begeistert von den genialen Wegen, die sich in deiner Welt auftun. All das beabsichtige ich, dir durch dieses Buch näherzubringen.

Es ist ein Buch, welches eine etwas ungewöhnliche Art hat, Dinge zu wandeln. Bitte vergleiche es nicht mit einem Fachbuch. Die Informationen sind exakt so gewählt, wie sie aufeinander aufbauend und genau richtig für dieses Thema sind. Sie entfalten durch die integrierten Frequenzen eine Art neuer Freiheit in dir, deine wahre Größe und Fülle in deinem täglichen Leben zu genießen. Der Verstand wird an dieser Stelle ein bisschen beschäftigt, während im Hintergrund für dich neue grandiose Frequenzen installiert werden.

Die Reihenfolge der einzelnen Worte sind wie eine Komposition, eine Melodie, die deine Zellen wieder in einen für dich bestimmten Rhythmus der Natur zurückbringt, zu deinem Ur-Gefühl von Vertrauen und der Liebe zu dem, was in dir und um dich ist. Von dir wird an dieser Stelle nichts verlangt. Lass es einfach ohne Erwartungen auf dich wirken und sieh, was geschieht.

- Die einzelnen Premiumintentionen, die du in diesem 7-Tage-Programm vorfindest, steigern deine Frequenz mit jedem Schritt. Daher empfiehlt es sich, diese auch nacheinander durchzugehen. Dies ist jeweils ein täglicher Aufwand von lediglich 5 bis 10 Minuten.

Gehe den einfachen Weg

Das Buch hat seinen Weg zu dir gefunden, weil dein Unbewusstes danach gefragt hat. Wenn du bestimmte Sätze nicht verstehst oder noch nicht kennst, ist das gar kein Problem. Die Wirkung des Programms zeigt sich trotzdem!

Wenn Informationen nicht deinem Gusto entsprechen sollten oder dir seltsam vorkommen, lässt du sie einfach mit einem guten Gefühl weg oder überspringst die Seite – ganz ohne Zwang und mit Leichtigkeit. All die Informationen, welche sich für dich gut anfühlen, sind für dich bestimmt und dürfen ausnahmslos übernommen werden. Ich möchte, dass du dich auf deine Intuition besinnst und ihr wieder mehr vertraust, denn du allein weißt, was gut für dich ist. Vertraue dir dabei!

Ganz vielen Dingen können wir heutzutage einfach überhaupt keinen Glauben mehr schenken. Es scheint, als ob wir von zu vielen verblödeten Informationen und Lügen geflutet wurden und nun das Maß schlichtweg voll ist. Ich würde sagen, dass dies der beste Zeitpunkt ist, um mit Leichtigkeit einen neuen Weg aufzuzeigen, der auf den ersten Blick etwas verquer erscheint, aber aus gutem Grund Wirkung zeigt.

Ich kann mir sehr gut vorstellen, dass du einige Eskapaden in Hinblick auf die in dieser Gesellschaft wichtigen Geldscheine erlebt hast. Ich auch! Allzu viel dreht sich um das liebe Geld und die Finanzen. Was kannst du dir leisten, was leistet sich der Nachbar? Was tust du, um dein Geld zu bekommen, das Haus abzubezahlen, und was machen andere, um all dies mit einem ruhigen Gewissen zu tun? Es ist verpönt, mit dem heiß begehrten Gut namens Geld um sich zu werfen, als ob es kein Morgen gäbe, und doch will jeder insgeheim mehr als genug davon horten, um sich das leisten zu können, was ihm die Freiheit gibt, sich zu entfalten.

Vor dem 7-Tage-Programm

Bevor wir an die neue Idee des Geld-Anziehens mit Premiumintentionen gehen, wollte ich eines vorab klären: Warum ist das verdammte Geld, das du bestellt hast, noch nicht da?

Ärgert es dich, dass du so oft schon die Million Euro »da oben« oder wo auch immer bestellt hast und sie immer noch nicht zu dir gefunden hat? Ich kann dich so gut verstehen. Auch ich habe mich zahlreiche Male gefragt, warum ich nun wieder – zumindest gefühlt – von null beginnen konnte und mich um die richtige Ausstrahlung in Hinblick auf meine Finanzen kümmern durfte. Deine Bemühungen haben sich gelohnt, und du bist ein bewusstes Wesen, für das sehr viel mehr Möglichkeiten offenstehen als die, die du momentan nutzt. Ziemlich sicher ist sogar alles möglich, was du dir vorstellen kannst.

Die Frage ist nur, ob du energetisch stabil dazu bist, denn der Schutz deiner Welt steht immer vor dem, was du als Chaot auf diesem Planeten mal kurz beabsichtigst zu erleben. Deshalb müssen wir eine gewisse Frequenz von dem, was wir haben möchten, stetig und über längere Zeit ausstrahlen, sodass das Leben uns die materielle Entsprechung liefert. Die gute Nachricht ist, heutzutage kann das in dieser grandiosen Zeitqualität jedoch so unglaublich viel schneller gehen, als wir es erwarten.

Durch unsere Erziehung und die Gesellschaft bekommen wir bereits sehr früh vermittelt, dass man für Geld hart und viel arbeiten muss. Viele junge Menschen wollen diesen Glaubenssatz nicht übernehmen und sträuben sich. Sie wissen instinktiv, dass sie mehr wert sind als das, was die Gesellschaft an Löhnen bezahlt. Vermutlich ergeht es dir genauso. Entweder passen die Arbeitszeiten nicht, oder man fühlt sich benutzt und ausgebeutet, auch wenn es scheinbar am Anfang des Berufseinstiegs immer schwer ist und man sehr viel tun muss, um zu beweisen, dass man der richtige, fleißige Mitarbeiter ist, den sich der Chef wünscht. Mit der Zeit ist der Glaube an die Leichtigkeit und das Recht, spielerisch und mit Freude umsorgt zu werden, verblasst, und der neue Glaubenssatz, viel leisten zu müssen, um zumindest etwas zu bekommen, wird stärker.

Wir beginnen automatisch das zu glauben, was andere über Geld denken und adaptieren von Zeit zu Zeit die Glaubenssätze der Menschen, die uns nahe und lieb sind.

Wenn dann das verdiente Geld auf dem Konto ankommt, verspüren viele den Drang, es auf irgendeine magische Weise sofort wieder auszugeben, sprich loszuwerden. Plötzlich schreibt das Konto rote Zahlen, obwohl man sich wirklich nur wenig gegönnt hat und es gerade mal Mitte des Monats ist. Das Geld nicht

»halten« zu können ist ein gängiges Problem für viele Menschen.

Wie oft ist es mir schon passiert, dass die Rechnungen, die reinflattern, den wunderbaren, eben ganz frisch gefüllten Kontostand direkt wieder auf null oder gar ins Minus bringen. Ich hätte jedes Mal vor Scham und Wut explodieren können, dass dies aufs Neue passiert, obwohl ich mir doch geschworen hatte, dass das nie wieder so sein würde.

Es gibt so zahlreiche Punkte, welche unsere unbewusste Aversion gegenüber Geld bestärken und aufrechterhalten, dass dieses nicht in Hülle und Fülle in unser Leben fließt. Deine Welt meint es unglaublich gut mit dir und möchte dir zeigen, wie es möglich ist, mit Leichtigkeit Geld anzuziehen und Glück dabei zu empfinden. Es gibt also noch ein bisschen was zu tun, damit die negativen Begleiterscheinungen bei dem Thema Finanzen gehen dürfen. Dafür räumen wir mit dem folgenden 7-Tage-Programm gründlich in deinem Unterbewusstsein auf.

Manche Absichten, sprich die Intentionen, mögen dich vielleicht beim Lesen auf die Palme bringen, weil sie bisher in deinem Leben nicht der Wahrheit entsprachen.

- Doch atme an dieser Stelle einmal tief durch und mache dir Folgendes bewusst: Das darf sich ändern, und wenn etwas in dir blockiert ist, ist das ein gutes

Zeichen, denn es zeigt ganz klar, dass du dich auf deinem Weg fortbewegst. **Nur wer voranschreitet, kann auf Hindernisse stoßen!**

Das ist eine tolle Beschreibung für Weiterentwicklung, die mir persönlich immer hilft, wenn ich mich über ein weiteres Hindernis ärgere.

Deine Wünsche haben einen Grund

- Gibt es deiner Meinung nach sinnvolle Wünsche und solche, die ganz und gar nicht berechtigt oder sogar albern sind? Welche Wünsche sind aus deiner Sicht albern?

Vor einiger Zeit habe ich in Peru herausgefunden, warum es unterschiedliche Arten von Wünschen gibt und was hinter den einzelnen stecken kann. Besonders aber, wie wir diese für uns nutzen können, um schneller auf der Frequenz zu schwingen, welche sich premiummäßig auf uns auswirkt. Jeder einzelne unserer Wünsche darf Wundervolles bezwecken und ist uns dienlich, beziehungsweise will uns auf etwas hinweisen.

Genauso wenig können wir unsere Grundbedürfnisse auf spirituellem Wege auslöschen, egal wie sehr wir das wollen. Wir können nicht das verschwinden lassen, was uns am Leben erhält. Die Expansion allen Lebens verlangt, dass wir uns stetig weiterentwickeln, und deshalb entstehen auch fortwährend immer wieder neue Wünsche in unserem Kopf.

Insgeheim hoffen wir oft, dass keine neuen Wünsche aufkommen mögen. Aber wenn du dir einen Spaß daraus machst und dich selbst beim Wünschen sogar herausforderst und experimentierst, wird diese unablässige Expansion auch für dich zur Freude. Jeder einzelne Wunsch hat hier seine ganz besondere Wirkung auf dein Gemüt. Er kann herzerfüllend sein, Gefühle von Sicherheit in dir auslösen oder nie zuvor da gewesene Stärke hervorrufen.

Sagst du noch Nein zu deiner Premiumvariante?

Die Premiumvariante ist die beste Version deines Selbst und aller Umstände um dich herum. Sie ist das maximale Potenzial deines äußeren und inneren Lebens. Du kannst dir die Premiumvariante wie einen großen Fluss vorstellen, in dem deine Weiterentwicklung unglaublich schnell vonstattengeht. Beispielsweise wenn dein Auto nicht mehr so funktioniert, wie es soll, und sehr viele Reparaturen nötig sind, ist der Wunsch nach einem neuen, besser zu dir passenden Auto geboren. Das neue Auto ist nun ein Aspekt deiner Premiumvariante. Auf dem Weg zu deinem Premiumauto fallen dir weitere Eigenschaften auf, die es besitzen sollte. Angefangen von der Treibstoffart, dem Preis und der Sitzheizung, die deinen Po wärmt, wenn es draußen kalt ist. Sobald du das Auto hast, ist der neue Wunsch geboren, dass das Fahren reibungslos und sicher funktioniert und du mit einer Tankladung möglichst weit und lange fahren kannst. Deine Premiumvariante hält all die besten Aspekte von dem, was dich umgibt, bereit. Vom Premiumverkäufer des Autos zum frischen Geruch im Auto und den Menschen, die dir bestätigen, dass das Auto zu dir passt.

Leider sind wir oft noch nicht bereit, unsere Premiumvariante in vollem Maße zu genießen und die neuen positiven Premiumaspekte einfach intuitiv in unser Leben zu integrieren. Sprich, wenn auf der Fahrt, nachdem du das Auto endlich gekauft und abgeholt hast, Stau ist, hat die Premiumvariante schon einen energetischen Abgleich gemacht und hält tolle Mit-im-Stau-Steher neben deinem Auto bereit oder sorgt dafür, dass der Stau sich superschnell auflöst. Wenn aber unser Verstand und die Energiekörper für die schnelle Veränderung noch nicht offen sind, kann sich die Premiumvariante auch nicht im vollen Umfang zeigen. Unser Ziel ist es also, diese Premiumvariante immer mehr auszukosten und uns den Strom an unglaublich coolen Umständen zu gestatten.

Du wirst nun Schritt für Schritt mit jeder Intention zu diesem Facettenreichtum deiner Premiumvariante geführt und dazu animiert, dir immer häufiger zu erlauben, wahrhaft glücklich zu sein.

Doch nicht nur Gegenstände betrifft die Premiumvariante. Dieser Strom an wundervollen Möglichkeiten beinhaltet deine beste Gesundheit, deine schönste Beziehung zu deiner Familie und all deinen Freunden und Bekannten. Sie beinhaltet das Bankkonto, das im Moment genau mit der richtigen Summe gefüllt ist. Sie berücksichtigt alle Aspekte deines Lebens und ist dabei reibungslos untereinander harmonierend aufeinander abgestimmt.

Die Menschen, die dich umgeben, verhalten sich in der Premiumvariante genauso, dass du dein Leben am meisten genießen kannst. Das sieht manchmal etwas anders aus, als wir es uns imaginieren, und doch geht die Premiumvariante weit über das hinaus, was wir uns an Glücksgefühlen und Verständnis vorstellen können. Es liegt sprichwörtlich außerhalb unserer Komfortzone, denn es führt dazu, dass wir uns lebendiger denn je fühlen und über alten Begrenzungen und starre Muster hinausgehen.

Wir haben uns angewöhnt, lieber mit weniger zufrieden zu sein, weil das Leben uns geprägt hat und die Mitmenschen auch oft gezeigt haben, dass man lieber kleine Ziele setzt und diese dann aber sicher erreicht, als zu hohe Ziele zu haben, die Luftschlösser bleiben. Ich habe das Gefühl, dass beides gut ist und wir beides tun sollten, denn es ist genau jetzt die Zeit, um sich nicht mit weniger zu begnügen, denn weniger wird uns auch wahrscheinlich nie genug sein.

Zum Verständnis: Wer etwas Schlichtes möchte und in seinen Vorstellungen damit glücklich ist, sollte nicht darüber hinausgehen müssen. Genauso kann die Realisierung eines kleinen Ziels schon unglaublich viele wundervolle Gefühle auslösen, die nachhaltig sind. Es geht mir um genau die Wünsche, die man seit langer Zeit hegt und fühlt, dass diese eine große Erfüllung bergen und wir uns nicht entmutigen lassen sollen, wenn wir diese noch nicht erreicht haben. Du hast dein Ziel verdient. Du hast es verdient zu bekommen, wonach dein Herz und auch dein Verstand ruft!

Sich an der Natürlichkeit der Veränderung erfreuen!

Ganz ehrlich, wenn einige Situationen nicht so unglaublich unangenehm wären, würden wir freiwillig gar nichts ändern und auch nach einigen Jahren nach wie vor auf der gleichen Stelle tippeln. Das Unangenehme treibt uns voran! Wir können dem Unbequemen in unserem Leben wirklich dankbar sein. Es ist ein Antreiber, der uns sagen möchte: »Hey, da wartet etwas viel Größeres auf dich! Spatz, etwas viel Größeres ist für dich bestimmt!«

Die vielen Glaubenssätze und Blockaden möchten mit jeder möglichen Taktik unter den Teppich gekehrt werden. Das Nichtbeachten von Negativem ist schon eine wirklich hilfreiche Methode. Doch was zur Vervollständigung noch fehlt, ist die weitere Methode des »Neu-Wählens«! Schlechte, unangenehme Dinge fallen dir nur aus dem Grund auf, damit du diese im wahrsten Sinne des Wortes verwandeln kannst. Verzaubere diese Momente und mach sie zu magischen Toren in eine neue Welt. Verstehst du nur Bahnhof?

Ich meine mit dem Wort verzaubern, dass du dir angewöhnst, wenn sich eine negative Emotion zeigt, sofort neu zu wählen, was du möchtest. Dir gefällt etwas nicht, und du fragst dich, was du stattdessen erleben möchtest. So wird stetig dafür gesorgt, dass du jene Frequenzen ausstrahlst, welche dich zum Leben in deiner Premiumvariante führen. Und allein durch diese kleine Aufgabe wird sich alles auf wirklich magische Weise in kurzer Zeit wandeln. Da ich selbst gern faul bin, passt diese Methode des Neu-Wählens super zu mir, und wenn ich es geschafft habe, mit Intentionen mein Leben so radikal zu verbessern, kannst du das genauso. Los geht's!

IST-Analyse

Datum: __________

Je weiter wir von dem Leben in unserer Premiumvariante, der besten Version unseres Selbst, entfernt sind, desto unerfüllter fühlen wir uns. Selbst wenn wir viel für unsere Weiterentwicklung tun, kann es vorkommen, dass wir der Premiumvariante immer noch hinterherrennen und sie irgendwie nicht einholen. Weil wir uns wie das Universum, die Galaxien und alles Lebendige stetig weiterentwickeln, expandiert auch unsere Premiumvariante immer zu etwas noch Besseren und Stabileren. Wenn wir uns diesen Abgleich mit unserer Premiumvariante nicht gestatten und mit ihr energetisch nicht mithalten, fühlen wir uns oft allein, verlassen und ohne tiefen Sinn im Leben. Wir sind dann unmotiviert oder sogar frustriert, dass wir stets so viel tun müssen, um glücklich zu sein.

Und als Folge kommen von Zeit zu Zeit immer wieder ähnliche Probleme auf, wie zum Beispiel, dass trotz Jobwechsel der neue Chef dich auch nicht wertschätzt und achtet, wie du es verdient hast, oder dass die Konflikte mit Kunden oder Kollegen immer wieder identisch sind und du dich wunderst, warum das so ist.

Im nächsten Schritt sind wir wütend auf alles um uns herum. Das sind Anzeichen dafür, dass wir nicht in unserer Premiumvariante leben und die Diskrepanz zwischen uns, der gelebten momentanen Variante und der Premiumvariante immer größer wird. Die Premiumvariante will uns endlich wieder zurück zu unserer wahren Schönheit, unserem wundervollsten Potenzial bringen. Durch die starken negativen Gefühle halten wir es nicht mehr aus und müssen schlussendlich etwas tun.

Um eine Veränderung in deiner jetzigen Situation zu bewirken und mit einem Quick-Start dort rauszusprinten, müssen wir zunächst auf das schauen, was momentan tatsächlich der Fall ist. Wie sieht deine aktuelle Situation in Bezug auf Geld, Finanzen und Reichtum aus?

- Beantworte folgende Fragen und schreibe die Antwort direkt in die Zeilen. Durch das Aufschreiben stehst du voll und ganz zu der aktuellen Situation und gibst sie zugleich frei, sich zu etwas Schönerem zu entfalten. Das ist ein wichtiger Schritt zur schnellen Veränderung, die nicht einmal viel Zeit benötigt und doch sehr wirksam ist. Beantworte diese drei Fragen also einfach aus dem Bauch heraus, ohne lange darüber nachzudenken.

Wie fühlst du dich, wenn du auf dein Konto oder nach deinem Kontostand schaust?

____

____

____

Was denkst und fühlst du, wenn du beim Einkauf in einem Laden an der Kasse stehst und bezahlst?

____

____

____

Welche Gedanken kommen dir in den Sinn, wenn du an deine materiellen Wünsche und persönlichen Ziele denkst?

____

____

____

Das kann zum Beispiel so aussehen:

Immer wenn ich auf mein Bankkonto schaue, fühle ich mich leicht unwohl. Wenn ich sehe, dass ich noch genug Geld auf dem Konto habe, freue ich mich, doch irgendwie ist dieses begleitende mulmige Gefühl im Bauch immer da.

Zunächst fühle ich mich total wohl und freue mich, dass ich die Sachen gefunden habe, die ich brauche. Aber je mehr ich mich der Kasse nähere, desto blöder wird mein Gefühl. Oft muss ich lange an der Kasse warten, weil immer Leute vor mir sind. Und wenn es um das Bezahlen geht, bin ich eher unbewusst und habe mir bisher keine großen Gedanken darüber gemacht. Ich will das eigentlich eher schnell hinter mich bringen!

Ich frage mich bei meinen Zielen oft, warum ich sie noch nicht erreicht habe. Ich habe wirklich so viel ausprobiert, und es nervt mich, dass ich meine Ziele teilweise schon erreiche, aber es fühlt sich bei mir eher so wahllos an. Manches erfüllt sich, manches nicht. Auch wenn ich an das Gesetz der Anziehung glaube, weiß ich nicht genau, wie ich da positiv denken soll, sodass sich meine Ziele und materiellen Wünsche erfüllen.

Wähle einen neuen IST-Zustand

Allzu oft konzentrieren wir uns ewig lange auf den Missstand. Ob wir es wollen oder nicht, Mangel ist auch ein wichtiger Aspekt unseres Lebens. Und doch muss er kein stetiger Begleiter sein beziehungsweise uns nur so lange begleiten, bis er behoben ist.

Deshalb geht es nun darum, klar zu wählen, was du stattdessen möchtest.

- Wie sieht es denn aus, wenn du deine Premiumvariante bezüglich deiner Finanzen und deines Reichtums lebst? Wie fühlt es sich an, und wie verhältst du dich? Mach einen Ausflug in den Bereich: »Was will ich stattdessen?«, um deinen neuen IST-Zustand noch genauer zu wählen und dein Etappenziel für dieses 7-Tage-Programm jetzt zu stecken. Denke beim Ausfüllen nicht an ein komplett anderes Leben, sondern agiere aus der Perspektive, in der du dich momentan befindest samt all ihren Begebenheiten. Das können beispielsweise ein noch nicht abbezahlter Hauskredit sein oder bestimmte Glaubenssätze in Hinblick auf

Geld. Beziehe all dies mit ein. Es bringt dir nichts, parallel ein Bild zu erstellen, das sich für dich schön, aber unglaublich weit entfernt anfühlt. Deshalb verbindest du nun deinen momentanen Ist-Zustand mit dem Ist-Zustand deiner Premiumvariante, indem du beschreibst, wie du dich fühlst, wenn du die beste Version deiner finanziellen Situation lebst.

Eine wunderbare Stütze zur Beantwortung der Fragen ist Folgendes: Besinne dich für einen Moment auf deine innersten Wünsche und denke groß. Erlaube dir, hier das Schönste zu notieren, das du dir für deine Finanzen vorstellen kannst. Jetzt ist die Zeit, denn wünschen darfst du dir alles!

Wenn du in deiner Premiumvariante die bestmögliche Version deiner Finanzen lebst, wie fühlst du dich, wenn du auf dein gefülltes Konto schaust?

Was denkst und fühlst du in deiner Premiumvariante, wenn du beim Einkauf in einem Laden an der Kasse stehst und bezahlst?

Wie denkst du über deine materiellen Wünsche und deine noch ausstehenden Ziele, wenn du deine Premiumvariante lebst?

Das kann zum Beispiel so aussehen:

Wenn ich auf mein Konto schaue, fühle ich mich beflügelt. Es ist ein leichtes und befreiendes Gefühl zu wissen, dass ich umsorgt bin. Zu spüren, dass Geld immer da ist und im richtigen Moment zur Verfügung stehen wird, ist für mich eine wirkliche Erfüllung!

Wenn ich im Leben meiner Premiumvariante an der Kasse zum Bezahlen stehe, bin ich stolz, dass ich superschnell genau die Produkte gefunden habe, die ich suchte. Beim Bezahlen fühle ich mich wohl und bin ganz bei dem Zahlungsvorgang, weil ich es genieße, mit einem guten Gefühl den Gegenwert von dem, was ich gerade kaufe, zu überreichen. Ich bin dankbar, dass es dieses wunderbare Tauschmittel gibt, weil es mich unterstützt, alles zu kaufen, das ich gern haben möchte.

Am meisten freut es mich, dass ich mittlerweile wirklich in mir spüren kann, dass ich meine Ziele und auch die materiellen Wünsche mit Sicherheit erreiche. Alles kommt wie von allein zu mir, und ich merke, wie die Premiumvariante mir immer wieder neue Wege aufzeigt und tolle Hinweise gibt.

Im Voraus wählen mit der Ante-Intention

Ein Wunsch ist in der Entwicklung von neuen Begebenheiten zwar sehr wichtig, und doch bringt dieser allein uns noch nicht ans Ziel. Für die Realisierung des Wunsches benötigt es eine bewusste Absicht. Eine klare Entscheidung für die Veränderung. Sozusagen eine Intention.

Bereits jetzt schon setzt du selbst täglich Intentionen. Meist unbewusst und doch passiert es täglich: Du entscheidest, was du tun und lassen möchtest. Die bewusste Wahl ist also ein mächtiges Tool, um dich deiner Premiumvariante und deinem Ziel näher zu bringen. Es ist eine klare Aufgabe für dein Gehirn und dein Unterbewusstsein, deine Wahrnehmung neu auszurichten. Und diese Ausrichtung folgt auf die bewusste Absicht, die klar ausdrückt, wovon du mehr sehen möchtest.

Es ist unglaublich bemerkenswert, dass unsere Augen nur vier Prozent von dem wahrnehmen, was tatsächlich um uns herum geschieht. Wenn wir allen Aspekten unserer Umgebung die gleiche Gewichtung geben würden und somit die Aufgabe, alles wahrzunehmen, würden wir verrückt werden, weil wir gnadenlos überfordert wären. Auch wenn unser Gehirn eine sehr große Kapazität birgt, sortiert es klug aus, was du bevorzugt sehen möchtest. Man nennt dies selektive Wahrnehmung. Wenn du beispielsweise oft Zeit damit verbringst, dich über deinen Kontostand zu ärgern, werden dir die Momente, in denen dein Konto nicht deinen Wünschen entspricht, im Vergleich zu denen, an dem dein Kontostand für dich in Ordnung ist, um einiges mehr auffallen. Darüber hinaus wirst du wahrscheinlich sogar nach dem Gesetz der Resonanz anziehen, dass du immer dann auf das Konto schaust, wenn gerade viele Ausgaben getätigt wurden. Somit sind wir trainiert, das wahrzunehmen, was wir für wichtig halten und worauf wir unsere Aufmerksamkeit bereits gelenkt haben. Das kann nun Erwünschtes oder auch Unerwünschtes sein. Durch die bewusste Premiumintention sagst du deiner selektiven Wahrnehmung: »Hey, helft mir, mehr von diesen Dingen um mich herum zu sehen.« Du gibst deiner Wahrnehmung neue Aufgaben.

Wenn du explizit die Wirkung von etwas durch eine Intention festlegst, das du gleich tun wirst und somit dessen Auswirkung vorherbestimmst, nennt man dies eine Ante-Intention. Lass uns das direkt gemeinsam ausprobieren und deine erste Intention in diesem Programm mit der Magischen Handbewegung setzen.

- Setze dich bequem hin, schließe die Augen und nimm einen tiefen Atemzug!

- Mache dir jetzt bewusst, dass all deine Entscheidungen Einfluss auf dein Leben haben und Energie der Aufmerksamkeit folgt.

- Lies dir die folgende Absicht durch und halte dabei eine Hand senkrecht vor deinen Solarplexus. Die Fingerspitzen zeigen dabei nach oben und der Daumen ist an deinem Körper:

  Ante-Intention: »Ich beabsichtige durchdringend, dass dieses 7-Tage-Programm meine Finanzen in eine neue wundervolle Dimension hebt und ich die leichte und spielerische Veränderung vollkommen in all meinen Zellen annehme. Ich erkenne mit jedem Tag mehr die intensive Wirkung der 8 x 8 Premiumintentionen und freue mich mit jedem Schritt über all die wundervollen Überraschungen, die sich zeigen.«

- Du aktivierst die eben durchgelesene Intention, indem du deine Hand nach vorne wegkippst. Die Fingerspitzen zeigen nun vom Körper weg. Wenn du möchtest, kannst du beim Aktivieren, also der Handbewegung, durch den Mund ausatmen und dir dabei vorstellen, wie ein Energiestrahl aus Licht deine Absicht an das Universum sendet.

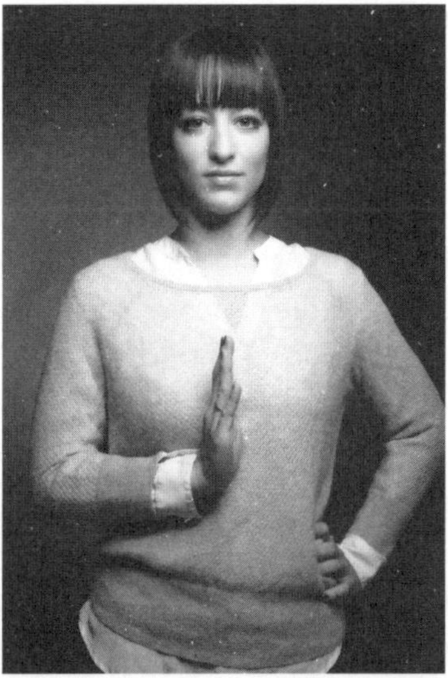

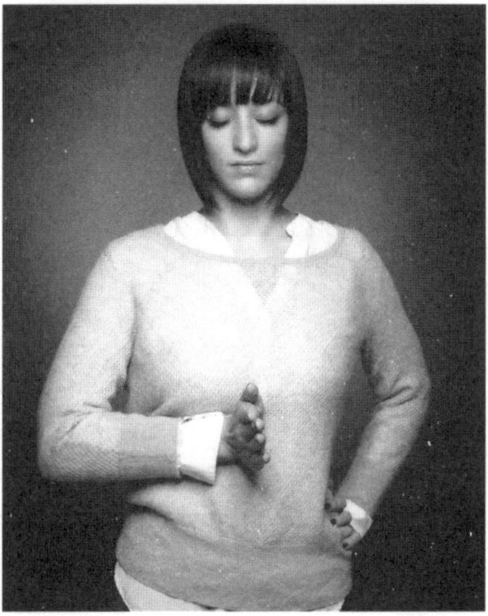

Ich gratuliere dir von Herzen. Dies ist der Beginn von etwas ganz Neuem, denn du hast soeben deine erste Premiumintention zu deinen Finanzen gesetzt!

- Je öfter du mit Intentionen arbeitest und diese Magische Handbewegung machst, desto stärker wird die verfügbare Kraft, die hinter ihr steckt.

  Mit der Zeit wirst du bemerken, wie schon ein regelrechter Schauer mit Gänsehaut über deinen Rücken läuft, wenn du boosterst. Besonders schön ist, dass du ganz nebenbei deine Energiekanäle ins Fließen bringst und sich somit weniger alte Energien festsetzen können. Du reinigst dein komplettes System!

Vorher zu wählen ist eines der Dinge, die ich persönlich unglaublich liebe. Es ist viel leichter, im Voraus in Form einer Ante-Intention etwas zu beabsichtigen, als dann, wenn die ersten Anzeichen sich bereits in der physischen Realität zeigen. Probiere es aus. Du wirst von der Wirkung deiner Ante-Intentionen begeistert sein.

Intentionen Boostern à la Jayc Jay

Leider wird die bewusste Intention in ihrer grandiosen Wirkungsweise oft stark unterschätzt! Du kannst mit Intentionen deine Zukunft, Gegenwart und sogar deine Vergangenheit verändern. Das ist so wunderbar, und am meisten Spaß macht es, dies im eigenen Leben zu erfahren und an all den Punkten, wo man glaubte, dort würde sich nie etwas verändern!

Ich habe das Intentionen Boostern im Frühjahr 2012 das erste Mal kennengelernt, und die Ergebnisse, die sich sofort zeigten, waren wirklich bemerkenswert! Da ich es so schnell hinbekommen und für mein Leben übernommen habe, möchte ich es dir ans Herz legen. Denn auch du kannst das sofort, schnell und einfach lernen und damit supercoole Effekte erzielen, die dein Herz beschwingter machen – egal, was dein innerer Saboteur behauptet und wie deine momentane Situation aussehen mag.

Warum ist es also so wichtig, klare Absichten zu formulieren? Ganz einfach weil es eine leichte Methode ist, die dir zeigt, dass in der heutigen Zeitqualität alles so viel schneller realisierbar ist.

Der kleine Haken an der Intention ist, dass wir es teilweise gar nicht wahrnehmen, wenn sich etwas verändert hat. Sprich, wir vergessen regelrecht, dass wir ein Problem zu einem bestimmten Zeitpunkt hatten. Und wenn sich deine finanzielle Situation nun immens verbessert, ist das zwar schön, aber die Freude ist umso größer, wenn du den direkten Vergleich hast. Damit du maximale Freude an der Veränderung fühlen kannst, hast du bereits bei der IST-Analyse aufgeschrieben, wo du bisher standest.

Gegenstände, die den magischen Zauber enthalten

Damit du jedoch stetig mit der Veränderung der Premiumvariante mitgehst, habe ich eine neuartige Methode entwickelt, um dich in deinem gewohnten Umfeld stabil zu halten und deine Premiumvariante mit all ihren täglichen Weiterentwicklungen zu leben und zu genießen. Hierfür verwende ich die Kraft der Heiligen Geometrie und Gegenstände, die dich sowieso jeden Tag in deinem Zuhause umgeben oder die du unterwegs bei dir trägst. Schon immer haben Menschen Talismane gehabt, ein Krafttier, das sie imaginär verwendet haben, oder immer dieselbe Waffe für die Jagd. Auch heute nehmen wir in Prüfungen und zu wichtigen Terminen kleine Glücksbringer mit, die uns helfen sollen, die richtigen Worte zu finden und auf unser Potenzial zugreifen zu können.

Mit diesem Programm installierst du sozusagen überall Talismane! Ich persönlich habe den Gegenständen in meinem Zuhause schon immer Aufgaben gegeben, sprich, diese mit bewussten Absichten belegt. Und es hat immer zuverlässig gewirkt. Als mich meine Freunde begeistert aufforderten, ich solle meine Methode, überall energetische Helfer zu aktivieren, mit den Menschen teilen, entstand das erste Buch *8 x 8 Premiumintentionen – Das Zuhause energetisieren und Wünsche erfüllen.* Die insgesamt 64 Premiumintentionen ergeben zusammen die Matrix eines 64-Tetraeder-Gitternetzes, einer geometrischen Figur, welche ein unglaubliches Energiepotenzial birgt und in sich sehr stabil ist. Eine einfache Idee mit grandiosen Ergebnissen.

- Du kannst dir die Premiumintentionen wie einzelne Lichtsäulen vorstellen, welche du mit den Gegenständen aktivierst und in deinem Leben integrierst. Die Frequenzen der Worte und deren Kombination bauen aufeinander auf, und während der 7 Tage spinnst du sozusagen ein Netz aus positiven Energien, welches dich in deinem neuen Umfeld von intensiver Fülle und Reichtum Stück für Stück stabilisiert.

Die Ergebnisse lassen nicht lang auf sich warten, da die Energie sich ja bereits in dem Gegenstand durch deine bewusste Absicht materialisiert hat. Das heißt, dass der erste Beweis für die Wirkung der Premiumintention deiner Wahrnehmung bereits in Form dieses Gegenstandes geliefert wurde. Das ist im Prinzip sehr simpel, und doch ist unser Verstand diese Vorgehensweise noch nicht gewohnt. Es klingt vielleicht zu schön, um wahr zu sein, und genau aus diesem Grund sind die 8 x 8 Premiumintentionen mit ihrem einfachen Konzept, das wirklich jedes Kind für sich anwenden kann, so erfolgreich. Sie funktionieren!

Zum Verständnis: Eine Intention ist eine bewusste Absicht, die in der Gegenwart und immer bejahend formuliert wird. Du wählst sozusagen klar, wovon du mehr möchtest, und legst diese Intention oder Absicht auf einen Gegenstand ab. Jedes Mal, wenn du den Gegenstand bewusst oder unbewusst siehst, fokussiert sich dein Unterbewusstsein auf den Inhalt der gesetzten Intention. Auch wenn du die Gegenstände selbst nicht oft benutzt oder siehst, wird dein Unterbewusstsein sich die entsprechend verankerte Intention merken können und bei jedem Blick darauf erneut verstärken. Somit lenkst du wie von allein deine Aufmerksamkeit und Energie auf das aus, was du haben möchtest!

Die Magische Handbewegung für eine starke Energetik

Durch die Magische Handbewegung bezeugst du deine bewusste Wahl nicht nur in der geistigen, sondern auch in der materiellen Welt. Sie verknüpft diese beiden Welten miteinander, und du besiegelst, was du soeben beim Universum bestellt hast. Täglich flitzen uns unfassbar viele Gedanken durch den Kopf. Sobald du etwas mit Stimme, Schrift oder einer Geste ausdrückst, beginnt der Zauber der höheren Wirksamkeit.

Die Magische Handbewegung hast du bereits auf Seite 34 kennengelernt, als du deine Ante-Intention gesetzt hast. Lass uns noch einmal gemeinsam den gesamten Ablauf – Setzen, Aktivieren sowie Verstärken von Intentionen – durchgehen, sodass du dich während der kommenden sieben Tage komplett sicher damit fühlst:

Die senkrechte Handhaltung vor deinem Herzchakra und deiner Wirbelsäule aktiviert und stabilisiert deine Zentralströme, damit die in dem Moment verfügbaren Energien besser und noch schneller fließen.

- Setze dich bequem hin, schließe für einen Moment die Augen und nimm einen tiefen Atemzug.

- Mache dir bewusst, dass all deine Entscheidungen Einfluss auf dein Leben haben und Energie der Aufmerksamkeit folgt.

- Lies dir die jeweilige Intention durch und halte dabei eine Hand (egal ob links oder rechts) senkrecht vor deinen Solarplexus. Die Fingerspitzen zeigen dabei nach oben, die Handkante zeigt zu deinem Körper.

- Danach aktivierst du ihre Wirkung durch das Kippen der Hand nach vorne. Die Fingerspitzen zeigen danach vom Körper weg. Wenn du möchtest, kannst du dir zusätzlich vorstellen, wie ein Energiestrahl deine Absicht an das Universum sendet.

- Nach diesen vier Schritten hast du die Intention erfolgreich abgesendet und du kannst mit der nächsten Intention fortfahren, bis die Aufgaben für den Tag erledigt sind.

Bei der Magischen Handbewegung kommt es nicht darauf an, dass du sie möglichst exakt, gerade oder mit ganz besonderer Aufmerksamkeit machst. Es geht darum, dass du sie machst! Es ist sozusagen das Zeichen an deine Welt und all die Energien um dich herum, welche Entscheidungen du mit mehr Kraft anreichern möchtest. Und natürlich ist dein Energiezentrum viel stabiler und stärker, wenn du die Hand vor deine Mittellinie, sprich deine Wirbelsäule hältst.

Um die Magische Handbewegung live zu sehen, habe ich dir ein Video ins Internet gestellt. Suche mal unter dem Stichwort »Magische Handbewegung mit Jayc Jay«! Dann findest du die Videoanleitung.

Doch nun beginnen wir endlich mit deinem 7-Tage-Programm, und du darfst schon sehr gespannt und neugierig sein, was sich in deiner Welt alles an Veränderungen zeigen darf und wie sich diese zeigen.

Tag 1: Neue stabilisierende Gedanken über Geld

Es gibt so viele Wege, die richtig für uns sein können. Die Vielfalt der Möglichkeiten und Lösungen ist so viel facettenreicher, als wir es uns auch nur im Geringsten vorstellen können. Deshalb ist es immer wieder schön, offen für Neues zu sein und die Premiumvariante von allen Seiten zu dir fließen zu lassen.

Nun legen wir mit deinem allerersten Tag dieses 7-Tage-Programms los. Ich bin schon sehr gespannt, was sich in den nächsten Tagen bereits tun darf und wie du dich nach dem Setzen deiner ersten Premiumintentionen mit deinen Finanzen fühlen wirst.

Deine erste Intention an diesem Tag werden wir gemeinsam durchführen.

- Du setzt dich jetzt wieder bequem hin und nimmst einen tiefen Atemzug. Währenddessen machst du dir bewusst, dass deine Entscheidungen Einfluss auf dein Leben haben und Energie der Aufmerksamkeit folgt. Das, worauf du dich fokussierst, wird sich vermehren.

- Jetzt liest du dir die gleich folgende Intention zur »Tasche« durch und hältst dabei deine rechte Hand senkrecht, mit den Fingerspitzen nach oben zeigend, vor deinen Solarplexus. Fingerspitzen befinden sich etwa auf Höhe deines Herzchakra.

Tasche: »Ich bin frei und erlaube mir, dass ich meine Lebenszeit auf die allerbeste Art nutze. Mein Vertrauen in meine Welt bestärkt sich mit jedem einzelnen Tag, und ich beabsichtige, dass meine Tasche mich tatkräftig und mit Leichtigkeit bei der Realisierung dieser Entscheidung unterstützt.«

- Aktiviere jetzt die eben gesetzte Intention mit der Magischen Handbewegung, indem du deine Hand mit den Fingerspitzen nach vorne kippst und dir dabei einen schnell wegflitzenden Energiestrahl vorstellst.

- Genauso machst du es mit allen weiteren Intentionen.

Satellitenschüssel: »Meine Satellitenschüssel gibt mir Zugang zu neuen Ideen und Denkweisen, die mich ungemein beflügeln und mit Leichtigkeit von allem befreien, was meine kühnsten und schönsten Vorstellungen verdeckt. Ich erlaube mir durchdringend, mit jedem Benutzen neue Tore zu noch mehr Glückseligkeit zu öffnen.«

Spardose: »Ich erkenne mit jedem einzelnen meiner Sinne, dass Sparen eine Hilfe zur Sicherheit ist und ich mir die Sicherheit durchdringend erlaube. Das Sparen darf als ein stimmiger Katalysator dafür fungieren. Dies geschieht ganz ohne Anstrengung – schnell und leicht.«

Kerzen: »Mein inneres Feuer der Begeisterung darf leuchten. Meine gesamten Enttäuschungen über alte Reaktionen und emotionale Rückschläge verwandeln sich nun in eine Stärke, die ich zuvor von mir nicht kannte. Ich genieße es, mit jedem Entzünden einer Kerze diese befreiende, beflügelnde Begeisterung noch mehr zu spüren, während ich zugleich bemerke, wie solche Rückschläge der Vergangenheit angehören. Dafür bin ich sehr dankbar.«

Komm in den Genuss der Synchronizität!

Je mehr du beginnst, mit dieser spielerischen Leichtigkeit zu arbeiten, desto einfacher werden Methoden in dein Leben kommen, mit denen du dich und deine Situationen schnell und leicht verändern kannst. Es liegt nun an dir, dies in die Hand zu nehmen und durch das 7-Tage-Programm zu verändern. Die Dinge dürfen für dich immer leichter gehen, und zugleich wirst du lernen, dich damit wohlzufühlen, dass etwas ohne großen Aufwand und mit Freude geschehen darf.

Sobald du die 64 Premiumintentionen dieses Programms gesetzt hast, wirst du bemerken, wie sich die Dinge aufeinander abstimmen und du neue Menschen in deinen Alltag ziehst. Doch das muss nicht zwangsläufig bedeuten, dass andere Menschen in dein Leben kommen. Die Leute, die dich bisher umgeben, werden sich verändern, und du wirst begeistert sein, in welcher Pracht diese Metamorphose vonstatten geht. Entspanne dich und komme Stück für Stück mehr in den Genuss der Synchronizität.

Ordner: »Ich beabsichtige durchdringend, die Wichtigkeit der unterschiedlichen Dinge in meinem Leben locker und leicht in die richtige Position zu rücken und zu sehen, was als Nächstes zu tun ist, das mir den gewünschten Effekt sowie das gewünschte Geld bringt.«

Ladegerät: »Mein Ladegerät beflügelt mich, frei zu denken, und mich dabei vollkommen sicher und beschützt zu fühlen. Ich lade mich in diesen Gedanken in meiner Mitte auf und erhalte Geld, das meinen Wert bestätigt.«

Luft: »Ich beabsichtige, dass sich nun eine besondere Segnung ankündigt und sich diese mit jedem Atemzug in meinem Leben festigt. All die Luft, welche die

Wesen auf diesem Planeten ein- und ausatmen, wird wie von allein von allem gereinigt, was die Gesellschaft nicht mehr benötigt. Ich fühle die Befreiung sofort in meinem Brustkorb und realisiere mit jedem Tag mehr die Luftschlösser, die mich am meisten erfüllen.«

Ich gratuliere dir noch mal von Herzen. Soeben hast du einen Grundstein für neue Gedanken über Geld gelegt. Gönne dir unbedingt in den nächsten Tagen die Zeit, um die Intentionen in der Reihenfolge zu setzen, wie sie in diesem Buch aufgeführt sind. Du kannst sie gleich morgens setzen, zwischendurch oder abends vor dem Zubettgehen. Du wirst es liebend gern und leicht schaffen, dir 5 bis 10 Minuten für deine Premiumvariante einzuräumen. Es lohnt sich!

Tag 2: Denke befreiend in Wohn- und Badezimmer

Wie erging es dir nach dem ersten Tag und deinen ersten Premiumintentionen?

Du wirst noch Augen machen, wenn du erkennst, wie sich diese auf deinen Gemütszustand und die äußeren Umstände auswirken. Ich kann es gar nicht erwarten.

Nun geht's in dein Wohnzimmer und anschließend ins Bad. Dort werden heute 12 Intentionen gesetzt.

- Bitte denke bei jeder einzelnen Intention kurz an den Gegenstand oder das Möbelstück und setze dann die Intention, woraufhin du diese mit der Magischen Handbewegung aktivierst.

  Und tue das alles bitte unbedingt mit Leichtigkeit. Mach dir keinen Druck, du brauchst dir die Intentionen und die Verbindungen zu den Gegenständen nicht zu merken. Es gibt nichts, das du hier falsch machen könntest. Es ist für alles gesorgt, und alles, was du wissen musst, weißt du. Vertraue dir!

Befreie dich also von alten Gedanken über Geld und gehe mit diesen Intentionen in die fantastische Welt der unbändigen Fülle.

Sofa: »Mein Sofa erinnert mich daran, dass ich mir in den genau passenden Momenten eine Auszeit nehme. Es bringt mir dies durch einen entspannten Kopf und ein tiefes Vertrauen in meine Intuition mit Leichtigkeit bei.«

Stuhl: »Mein wunderbarer Stuhl sorgt dafür, dass ich meinem Leben gelassen vertrauen kann und in diesem Urvertrauen all meine finanziellen Angelegenheiten mit Liebe und Freude regele.«

Regal: »Mein Regal erfüllt einen großen Dienst, indem es mir hilft, mich in allerlei Richtungen entfalten zu können und aus all den fremden Stimmen in meinem Kopf oder meiner Umgebung auf liebevolle Art noch mehr Kraft zu ziehen, um mich selbst auf vielfältige Weise zu verwirklichen.
Danke, liebes Regal, für deine tatkräftige, intensiv spürbare Unterstützung.«

Tisch: »Mein Tisch trägt mich freudig tänzelnd zu den Erfolgen und Etappenzielen, welche ich für die Realisierung meiner Herzens- und Ego-Wünsche benötige.«

Wände: »Ich beabsichtige, mich unabhängig von allen Nachrichten um mich herum in meiner Kraft zu sehen und dass Sicherheit in jeder Form – Geld, Lebensmittel, Zeit, Wärme, Liebe, Luxusgüter und Freiheit – unablässig zu mir fließen möge. Ich spüre, wie mich jede physische wie psychische Wand um mich herum beschützt und mir zugleich die Freiheit gibt, mich in Sicherheit zu entwickeln.«

Lampe: »Mit jeder Lampe, die ich wahrnehme, darf sich mehr Brillantes in meinem Leben manifestieren. Meine Ideen werden durch mich zum Erfolg gebracht, und ich beabsichtige durchdringend, diese neu entdeckte Liebe des Licht-Aufgehens voll auszuleben.«

Toilette: »Mit jedem Sitzen auf der Toilette entspringt meinem Energiekörper mehr Begeisterung für diese Welt und all die Dinge, die man auf diesem Planeten erleben kann. Ich spüre meine Freiheit, mich zu entfalten und Neues zum Erfolg zu bringen mit jedem befreienden Toilettengang noch mehr.«

Nagelschere: »Jedes Mal, wenn meine Nägel gekürzt werden, lege ich mehr Knausrigkeit ab. Das Leben sorgt mit jedem einzelnen Nägelschneiden für noch mehr Erfahrungen in der Fülle, die sich in meinem Einkaufsverhalten und auf meinem Bankkonto zeigen. Danke, danke, danke, liebe Welt für dieses Erlebnis!«

Kosmetik- und Taschentücher: »Ich beabsichtige durchdringend, dass mein Leben mich immer wieder mit unglaublich grandiosen, wundervollen Dingen überrascht, und diese angenehmen Überraschungen sich täglich anhäufen und mein Herz bereichern.«

Seife: »Mit jedem Händewaschen befreit mich meine Seife von alten und schlechten Gedanken über Geld, welche mich bisher gehindert haben, dessen Glanz zu erkennen und genießen zu können. Meine wunderbare Seife hilft mir, den Glanz der Fülle umfassend in meine Quantenpartikel einzuladen.«

Klopapier-Halter: »Jede einzelne Belastung meines Kontos und Verstandes wird an einem sicheren Platz aufbewahrt und erhält den nötigen Respekt für seinen Dienst. Ich beabsichtige, jeder meiner Erfahrungen ihren Platz zu lassen und aus diesem Grund durchdringend zu spüren, dass alles Positive wie Negative immer im richtigen Maße vorhanden ist.«

Klobürste: »Meine Klobürste hilft mir aktiv dabei, alte Ansichten und Glaubenssätze über Reichtum und Armut loszulassen, um mich in Frieden und Leichtigkeit den Dingen widmen zu können, welche mich nähren und zutiefst befriedigen.«

Yeah, du hast die Intentionen für den zweiten Tag komplett gesetzt und verstärkt! Ich bin so glücklich und dankbar, dass du ein Teil dieser Gemeinschaft bist, und verstärke jede Woche die Intentionen aller Leser aus der Ferne. Genieße deine Zeit und bleib dran. Dein Resonanzfeld ordnet sich bereits neu, und die Komfortzone wird ausgebaut, sodass du schon bald mehr Reichtum in allen Bereichen anziehst.

Wenn du gemeinsam in der Gruppe Intentionen setzen und dadurch noch mehr Sicherheit im Boostern gewinnen möchtest, kannst du dich auf Facebook der Gruppe »Premiumintentionen« anschließen. Dort boostern wir die Intentionen der Mitglieder gegenseitig zu allerlei Themen, die uns gerade beschäftigen. Auch du kannst dort kostenfrei deine eigenen Intentionen verstärken lassen und die der anderen verstärken oder einfach Anregungen sammeln und tolle Kontakte knüpfen. Das ist eine geballte Energie, die bei so vielen Gleichgesinnten rüberkommt.

Tag 3: Verdiene Geld wie im Schlaf in deinem Bett

Wunderbar, du nimmst bereits den nächsten großen Schritt in diesem Programm! Ich freue mich so für dich, denn ab hier werden sich die Ergebnisse zeigen, und du wirst fühlen, wie sich in dir und deiner Umwelt etwas drastisch ändert.

Heute am dritten Tag installieren wir, dass der Motor auch laufen darf, während du schläfst, dich dabei aber komplett entspannen und erholen kannst.

- Bitte versuche alles, was dich finanziell, beruflich und privat bedrücken könnte, aus deinem Schlafzimmer zu verbannen.

  Allgemein gehören auch nach dem Feng-Shui ausschließlich Gegenstände von dir und gegebenenfalls deinem Partner in das Schlafzimmer. Vor allem aber sollten dort keine Steuerunterlagen und Verwaltungsordner, Bilder von deinen Kindern und dergleichen ihren Platz finden. Das Schlafzimmer ist dein Ruhepol und unter anderem der Platz für grandiosen Sex. Diesen Platz solltest du dir auch wirklich einräumen. Wo sonst gibt es für dich einen Rückzugsort, an dem du nicht an deine Verpflichtungen oder jemand anderes denken musst?

Durch die folgenden Premiumintentionen installierst du mehr Ruhe in dir, sodass die Dinge leichter von der Hand gehen, ohne ständig die Aufmerksamkeit darauf zu lenken.

Bettbezug: »Meine Zeit darf schnell und langsam vergehen, sie dehnt sich immer genau so, wie es für mich am besten ist, und dies erkenne ich ab sofort direkt.«

Bitte überlege an dieser Stelle kurz, ob es sich eventuell lohnen würde, einen neuen Bettbezug zu kaufen und den alten zu entsorgen. Du liegst jeden Tag mindestens fünf Stunden darin und hinterlässt energetisch auch einiges an Informationen in der Bettwäsche. All deine Gedanken, Gefühle, körperlichen Befindlichkeiten und Träume sind hier angesammelt wie ein Imprint und Zeuge deiner Vergangenheit. Eventuell sogar unterschiedliche Erlebnisse mit Expartnern oder schlaflose Nächte, weil du im Job Stress hattest. Die Summe all dessen steckt als energetisches Überbleibsel in der Bettwäsche. Immer wenn du nun deine Bettwäsche siehst, steuerst du ähnliche Gedanken an und befindest dich wieder im gleichen Gefühlszustand. Das kann ein Hauptgrund für unruhigen Schlaf sein. Deshalb stelle dir einfach die Frage: Beeinflusst meine Bettwäsche mich positiv, oder ist es längst überfällig, sich neue anzuschaffen? Falls Letzteres zutrifft, sortiere die alte Bettwäsche komplett aus. Das befreit ungemein, und du wirst merken, wie die eben gesetzte Intention sich dann noch stärker auswirken darf.

Weiter geht's mit deiner Nachttischlampe!

Nachttischlampe: »Meine Nachttischlampe erhellt meine Präsenz in meinem Körper und hilft mir, mir nachts die Ruhe zu gönnen, welche ich benötige, um tagsüber voll in meine Kraft und die Ausstrahlung meines finanziellen Wohlstands zu kommen.«

Heizkörper: »Ich beabsichtige durchdringend, jederzeit zu wissen, dass mein innerer und äußerer Reichtum dazu beiträgt, mehr wundervolle, vertrauenswürdige Menschen um mich herum zu haben. Von Wärme geflutet kann ich von allen alten Mustern loslassen. Mein Heizkörper in meinem Zuhause sorgt dafür, dass ich diese menschliche Wärme und Zuversicht in jedem Moment tief in mir und um mich herum wahrnehmen kann.«

Nachttisch: »Alles Wissen, das ich benötige, welches gut und hilfreich für mich ist, kann ich jederzeit abrufen und bleibt für mich verfügbar. Mein Nachttisch hilft mir, die Informationen in meinem Gehirn am genau richtigen Ort zu speichern, damit sich unglaublich geniale Synergieeffekte ergeben.«

Zweifel und Wut, um schneller ans Ziel zu kommen!

Verwirrt dich das Skurrile an der Methode mit den Premiumintentionen? Kann es wirklich sein, dass sich durch eine einfache Intention bereits vieles verändert? Das ist völlig verständlich, dass du dich das fragst, denn es ist auch alles andere als eine normale Methode, um ans Ziel zu kommen. Genau das braucht es zu dieser Zeit: neue, leichte Methoden, um schneller voran- und zur Erfüllung zu kommen.

Premiumintentionen sind sehr wirksam, weil sie deinen Verstand ganz klar umgehen. Der Verstand kann Intentionen wie die in diesem Buch meist nicht ernst nehmen und duldet die »Spinnerei« mit einem spöttischen Abwinken. So ist es genau richtig, denn dein Unterbewusstsein ist hellwach und weiß, was zu tun ist. Deine Neuronen feuern bereits bei jedem Wort, um deinen Geist neu auszurichten. Vertraue und sei gespannt und neugierig, was durch diese skurrile Art, Ziele zu setzen, in Bewegung gebracht werden darf.

Wenn du noch irgendeinen Zweifel haben solltest, habe ich ansonsten folgenden Tipp:

- Atme drei Mal tief ein und aus. Fülle deine Lungen mit Sauerstoff und puste das Negative und jeglichen Zweifel intensiv aus. Tue es einfach, so albern und lapidar es auch klingen mag! Am besten jetzt sofort.

  Mach dir bewusst, dass diese Wut, die hinter dem Zweifel steckt, dich davon abhalten will zu stagnieren. Sie ist so präsent, damit sich etwas bewegt und du dich hin zu deiner Premiumvariante begibst. Jeder Zweifel hilft dir, noch genauer nachzuforschen, was es benötigt, damit du dir deine Premiumvariante erlauben kannst. Wenn es den Zweifel und die damit verbundene Wut nicht gäbe, dann würdest du nicht freiwillig wachsen und etwas wagen, dessen du dir vielleicht noch nicht sicher bist. Wachstum ist etwas Wunderschönes, weil es dir all die Facetten von Gefühlen zugänglich macht und dir erlaubt, sie in deinem Herz zu transformieren.
  Atme deshalb tief durch.

  Gitterrost: »Alle Gelegenheiten, die mir geboten sind, werden so präpariert, dass sie für mich in jedem einzelnen Arbeitsschritt premium sind und sich für mich zugleich mit stetiger Expansion meines Verstandes und Ausdehnung meiner Komfortzone gut anfühlen.

Fußboden: »Mein Fußboden stärkt mich von unten nach oben bis zu meinem Kronenchakra und zeigt mir meine einzigartige Stärke. Ich vertraue mir selbst mit jeder Berührung mit meinem Fußboden immer mehr.«

Türklinke: »Jedes Mal, wenn ich eine Türklinke berühre, spüre ich, wie mehr Geld und Fülle in mein Leben fließen darf und ich mich sicherer damit fühle.«

Pausen sind für die Weiterentwicklung ebenso wichtig wie das Arbeiten selbst. Beginne schon heute mit der Umsetzung und lerne, für diesen Tag den Motor des bewussten Erschaffens passend zum Kapitel »Verdiene Geld wie im Schlaf in deinem Bett« auszuschalten und im Hintergrund arbeiten zu lassen. Deshalb erteile ich dir nun einen Voraus-Lese-Stopp.

- Falls du ungeduldig bis, versuche diese Energie zu kanalisieren und sie in die Variante zu lenken, in der die Ergebnisse noch schneller realisiert werden. Das machst du, indem du dir die Energie der Ungeduld circa zwei Sekunden vorstellst und vor deinem inneren Auge siehst, wie diese stetig und schnell in einen Kanal fließt, der für die Wunscherfüllung zuständig ist.

Ich persönlich sehe das vor meinem inneren Auge wie ein Rohr in einer Kanalisation, die einzeln mit Schildern beschriftet ist. Auf einem steht zum Beispiel »Ungeduld« und auf dem anderen »Schnellere Wunscherfüllung«, und dort leite ich die Energie über einen Schalter um. Das ist eine Art der visuellen Bildveränderung, die unser Unterbewusstsein sehr gut versteht und direkt anwenden kann.

Ich danke dir für deine Offenheit und bin gespannt, welche Experimente du mit dieser neuen Art, Energien umzulenken, machen wirst. Das Schöne ist, dass die Veränderung direkt spürbar ist, auch wenn die Technik nicht viel Zeit benötigt. So mag ich das!

Ich freue mich schon auf den morgigen Tag mit dir!

Bis dann, Liebes.

Exkurs: Neues pflanzen für die Finanzen

Wenn ich mich bei den Premiumvariante Coachings oder auch privat über Finanzen unterhalte, merke ich, dass wir ein bestimmtes Ereignis oft für den ausschlaggebenden Grund für unsere Finanzlage halten. Sei es die Ausbildung, das Wissen, das man in der Schule nie vermittelt bekommen hat, die Geburt des eigenen Kindes oder die Eltern, die das nötige Geld für das Studium nicht hatten.

Das sind Ausreden, um nicht vorankommen und sich weiterentwickeln zu müssen. Wir können die Schuld für lange Zeit auf etwas oder jemanden schieben, und doch wird es uns auf Dauer nichts außer mehr Selbstmitleid bringen.

Es ist hilfreich, sich diese Glaubenssätze anzuschauen, die scheinbar für deine momentane Lage verantwortlich sind. Wenn du sie dir im richtigen Licht betrachtest, wirst du nämlich auch entdecken können, was sie dir an Positivem gebracht haben.

Lass uns gemeinsam nach den Geschenken hinter den Steinen im Weg deines Berufsleben und deiner Finanzen suchen. Du wirst merken, wie diese Übung hilft, wieder eine Dankbarkeit für all die Begebenheiten zu finden, die gemeinsam dein Leben abbilden. Jedes einzelne Problem hat etwas Gutes für sich.

- Fülle die folgenden Zeilen aus, um deine berufliche und finanzielle Situation und die zu ihr führende Geschichte zur Premiumvariante zu transformieren.

  Dies kannst du entweder jetzt sofort oder nach dem Programm machen. Wann immer du magst, wartet dieser »Exkurs: Neues pflanzen für die Finanzen!« auf dich, um Frieden in alte Geschichten zu bringen. Wenn du diesen Teil überspringen und später machen möchtest, kannst du das 7-Tage-Programm auf Seite 69 normal weiterführen.

  Folgendes Ereignis könnte maßgeblich an deiner momentanen beruflichen Situation beteiligt sein.

  Deine **berufliche** Geschichte:

  ____

  Wann?

  ____

  Wo?

  ____

Was ist damals passiert?

____

____

Was war der Hintergrund? Wie ist das Ganze aus deiner Sicht und gegebenenfalls aus der Sicht der Beteiligten entstanden?

____

____

Was hast du gemacht?

____

____

Welche Fähigkeiten hast du durch diese Begebenheit entwickeln können?

____

____

Welche Eigenschaften hast du dadurch an dir entdeckt?

____

____

Welches Wissen hast du durch diese Begebenheit erlangt?

____

____

Welches Ergebnis hat sich gezeigt, und was war das Beste daran?

____

____

Ich beabsichtige durchdringend, dass ich die wundervollen Ergebnisse und Geschenke durch diese Begebenheit nun in ihrem vollen Ausmaß sehe und sich dadurch ein unglaublicher Frieden und tiefe Dankbarkeit in mir ausbreitet.

Deine Unterschrift: ____________________

Folgendes Ereignis könnte maßgeblich an deiner momentanen finanziellen Situation beteiligt sein.

Deine finanzielle Geschichte:

____

Wann?

Wo?

Was ist damals passiert?

Was war der Hintergrund? Wie ist das Ganze aus deiner Sicht und gegebenenfalls aus der Sicht der Beteiligten entstanden?

Was hast du gemacht?

Welche Fähigkeiten hast du durch diese Begebenheit entwickeln können?

Welche Eigenschaften hast du dadurch an dir entdeckt?

____

____

Welches Wissen hast du durch diese Begebenheit erlangt?

____

____

Welches Ergebnis hat sich gezeigt, und was war das Beste daran?

____

____

Ich beabsichtige durchdringend, dass ich die wundervollen Ergebnisse und Geschenke durch diese Begebenheit nun in ihrem vollen Ausmaß sehe und sich dadurch ein unglaublicher Frieden und tiefe Dankbarkeit in mir ausbreitet.

Deine Unterschrift: ________________________

Tag 4: Optimale Fortbewegung mit angenehmen Überraschungen

Ich wünsche dir einen wundervollen Premiumtag, Liebes! Wir sind am Tag 4 in diesem Programm angekommen, und ich freue mich von Herzen, dass du alle Premiumintentionen mit solch einer Zuversicht und einem tiefen Vertrauen setzt und verstärkst. Halte durch, denn es lohnt sich sehr!

Das, was du gerade tust, ist ein magischer Akt, der dir momentan in seinem Ausmaß noch nicht bewusst sein kann. Von so vielen Seiten wird Neues in dein Leben strömen. Mit jedem einzelnen Schritt und Wort entfaltet sich eine Sicherheit in dir, die dich von nun an von innen heraus stärken darf und dir neue, erfüllende Erfahrungen bringt. Deshalb möchte ich dir an diesem Tag ein Wort präsentieren, mit welchem du der Kraft der Begeisterung noch mehr Ausdruck verleihst: BÄM.

BÄM bezeichne ich gern als das Amen der Neuzeitschamanen. Es bedeutet Freiheit und Leichtigkeit im Kreieren.

- Nachdem du eine Premiumintention gesetzt hast, kannst du ein kräftiges BÄM anfügen, um auszudrücken, dass diese Intention besonders stark wirken soll und du dich unglaublich darüber freust. Du wirst schon beim ersten Mal den Unterschied merken, denn es stärkt deine Ausdruckskraft erneut immens.

Füge das Wort heute hinter jede einzelne Intention, um das Wort BÄM fortan mehr zu nutzen und dadurch die nochmals potenzierte Kraft des Boosterns zu entdecken.

Auto: »Ich beabsichtige, meiner Entwicklung wirklich zu vertrauen und zu erkennen, wie viel sich bereits verändert hat. Durch die neue Wertschätzung von dem, was ist, und der Freude darüber, wie schnell sich die Dinge doch entwickelten, mache ich nun wunderbare Quantensprünge hinein in meine Premiumvariante in Hinblick darauf, meine Berufung zu leben. BÄM!«

Autoreifen: »Ich beabsichtige durchdringend, dass mit der Umdrehung jedes einzelnen Autoreifens in diesem Land wie von allein vierfach Geld für mich generiert wird. Ich vertraue dem Lauf der Dinge und genieße, dass Autoreifen ab sofort Geld zu mir bringen. BÄM!«

Tankstellen: »Ich beabsichtige durchdringend, meinen vollen Wert zu zeigen und der Welt zu offenbaren. Die lokalen Tankstellen unterstützen mich dabei, mich selbst, meine Größe und meinen Wert immer mehr nach außen zu tragen. Ganz nebenbei tanke ich wie von allein immer zum besten Preis und nehme dies als ein kleines, aber feines Geschenk des Lebens wahr. BÄM!«

Stau und verkehrsbedingte Verhinderungen: »Jeder einzelne Stau darf mich energetisch darin unterstützen, angenehme, förderliche Gedanken zu haben, welche mehr materielle Fülle und Reichtum in wunderbarer Qualität zu mir bringen. Ich bin dem Stau, selbst wenn ich nicht darin stehe, für seine Unterstützung in diesem energetisch starken Fokus sehr dankbar und öffne mich dem Gedanken, alle Unterstützung der Welt anzunehmen. BÄM!«

Bahn: »Ich beabsichtige durchdringend, meine Wut über bisher nicht erfüllte Wünsche und missglückte Projekte vollkommen in neue, begeisternde Bahnen zu lenken und überrascht zu erkennen, wie viel Freiheit und Genialität dadurch entstehen. Jede einzelne Bahn, die fährt, bestärkt mich darin, diese Wut nun vollkommen loszulassen und in Freude zu wandeln. BÄM!«

Fahrrad: »Ich beabsichtige, ein klares Gefühl dafür zu haben, was zu tun und was zu lassen ist, und dass ich diesem Gefühl schlichtweg folge und dessen Ergebnisse direkt sehen kann. Das Fahrrad räumt für mich alle Hindernisse aus dem Weg, damit ich frei und unbeschwert diesem klaren Gefühl folge. BÄM!«

● ● ●

Kleidung, der Maßstab deines Selbstwerts!

Hierbei geht es nicht darum, wie teuer deine Kleidung ist, sondern wie wohl du dich darin fühlst. Hübsche Kleidung macht dich natürlich auch hübscher. Nun habe ich mich mal gefragt, ob das dann nicht eine Art Täuschung ist oder von mangelndem Selbstwert zeugt. Ich finde, dass hübsche Kleidung und Zeit zur Pflege des eigenen Körpers eher von Selbstwert und Selbstachtung zeugt. Nimm dir die Zeit, deinem Körper die Aufmerksamkeit zu schenken, welche er braucht, um sich bestmöglich zu präsentieren. Wenn du dich die meiste Zeit mit schöner Kleidung schmückst, ist dies ein Teil von dir. Das bist also du. Es wertet dich auf, und du wirst dies bewusst spüren können. Genauso wie Worte und Gedanken Einfluss auf deine Stimmung und Ausstrahlung haben, so hat Kleidung ebenfalls eine besondere Wirkung auf dich. Über Kleidung hegst du bestimmte Gedanken, welche wiederum ein Gefühl erzeugen und somit eine Frequenz in deinem Resonanzfeld aktivieren. Dementsprechend reagiert dein Umfeld und besonders du selbst darauf.

- Braucht es eine Veränderung in Sachen Klamotten, wenn es um deine Berufung und deine Finanzen geht? Frage dich, was du trägst, wenn du dein Premiumleben lebst. Wenn dies dem entspricht, was du bereits im Alltag trägst, brauchst du nichts zu ändern. Falls nicht, gehe Stück für Stück immer mehr in diese Richtung. Lieber für ein paar Kleidungsstücke mehr Geld ausgeben und diese dann kombinieren. Das wird viel in deinem täglichen Gefühl dir selbst gegenüber verändern.

Klamotten machen besonders beruflich in deinem Selbstwert viel aus. Sei bitte nicht zu kleinlich, wenn es um deine Kleidung geht. Ich weiß, dass die Industrie viel Geld damit verdient, und manch eine Kreation, die wirklich schön aussieht, nicht gerade preisgünstig ist. Und doch ist es wahr, dass Kleider Leute machen! Erlaube dir also, die Kleidung zu tragen, mit der du dich vor anderen wirklich von jedem Winkel aus betrachtet sicher und attraktiv fühlst.

Tag 5: Sei dir versichert und frei von gesellschaftlichen Normen

Nun kommen wir am Tag 5 zu den gesellschaftlichen Normen, welche uns gern in eine Korsage pressen wollen, in die wirklich keiner zu passen scheint. Wer sein Leben erfüllt und glücklich leben möchte, muss sich trotzdem auf irgendeine Art mit diesen Normen und Ansprüchen in der heutigen Zeit arrangieren und teilweise anpassen. Nichtsdestotrotz sind wir unseres Glückes Schmied, und es hilft nicht, die Verantwortung dem Staat oder Gott zu übergeben. Deshalb nutzen wir durch die folgenden absoluten Premiumintentionen, wie ich finde, diese Normen für uns, anstatt uns weiterhin gegen sie aufzulehnen.

Ich liebe das, was nun kommt, und freue mich jetzt schon über dein Schmunzeln, das ich leider sehr wahrscheinlich nicht sehen werde, wenn du dies liest. Von Herzen viel Spaß dabei!

Steuer- und Verwaltungsordner: »Mein Steuerordner unterstützt mich darin, meine ganzen buchhalterischen Daten in Ordnung zu halten, sodass auch energetisch alles am richtigen Platz ist und mich im Leben meiner Premiumvariante bestärkt. Ich erlaube mir durchdringend, alle Gedanken und Unterlagen loszulassen, welche mir nicht mehr dienlich sind.«

Krankenversicherung: »Meine Krankenversicherung trägt auf positive Art dazu bei, dass ich mit Leichtigkeit und Freude meine Berufung lebe und mich spielerisch weiterentwickle.«

Wasser: »Mein Wasser und jede einzelne meiner Wasserrechnungen unterstützen mich darin, übertriebene Hoffnungsträger zu enttarnen. Durch jeden einzelnen Tropfen finde ich noch mehr zu mir selbst und fühle meine Stärke, Fülle und individuellen Reichtum noch besser. Ich bin meinem Wasserlieferanten für diese neue und spürbare Unterstützung unglaublich dankbar.«

Strom: »Alles, was zu mir fließt, darf mich erleuchten und mir eine große Bereicherung bringen. Ich bin bereit, das optimale Potenzial meiner Premiumvariante zu leben. Meine Stromrechnung bestärkt mich auf eine wunderbar elektrisierende Art und Weise darin.«

Finanzamt: »Ich gebe das wurmende Druckgefühl an das Finanzamt in Form eines Wurmes ab und weiß, dass sich dort um diesen Druck premiummäßig gekümmert wird. Das Finanzamt ist für mich ein angenehmer und fairer Begleiter und liebevoll herzlicher Zeuge meines stetig wachsenden Erfolgs.«

● ● ●

Weg mit altem Papierkram!

- Schau bei Gelegenheit mal deine ganzen Ordner durch und sortiere aus, was du an Informationen sicherlich nicht mehr benötigst. Das könnten alte Stromrechnungen, Mietverträge von einer Wohnung, in der du nicht mehr lebst oder bereits bezahlte Strafzettel sein. Denke auch an all die AGBs und Garantiescheine, welche zu einem Kauf gehören, der schon vor Jahren getätigt wurde.

Man glaubt gar nicht, wie viel Platz solche Unterlagen besetzen – physisch wie auch energetisch.

Und viele scheuen es, sich die Zeit zu nehmen, um all das sorgsam auszusortieren. Nimm dir unbedingt die Zeit, um solch ein Vergnügen zu erleben und diesen fast rauschartigen Zustand zu genießen, wenn alles seine Ordnung hat und kein alter Ballast in den Ordnern klebt.

Der Staat: »Mein Land und der Staat arbeiten für mich und passen auf mich auf. Alle Gesetze, die erlassen werden, und alle Energien, die mich umgeben, tragen aktiv dazu bei, dass ich mich mit jedem Tag wohler fühle und glücklicher in meinem Leben bin. Ich erlaube mir durchdringend, absolut begeistert von der Wirkung dieser Premiumintention zu sein, die länger andauert, als ich es mir je zu träumen gewagt hätte. Ein großes Danke dem Staat und diesem Land dafür, dass ich mich in Zukunft wahrhaftig unterstützt fühle!«

Ich liebe es, die folgende Info mit dir teilen zu können, denn sie wird dich sehr darin unterstützen, einen neuen Blickwinkel zum Thema Finanzen zu bekommen.

Ich selbst habe unglaublich viele Intentionen zum Thema Steuererklärung gesetzt. In meinem ersten Jahr als Selbstständige, hatte ich wirklich Angst, etwas falsch zu machen. So wie es vermutlich einigen anderen auch passiert ist, war das erste verdiente Geld einfach weg. Zwar hatte ich mir fest vorgenommen zu sparen, das hat aber leider nicht geklappt. Ich hatte mein Geld schon ausgegeben, bevor das Finanzamt überhaupt schrieb und nach den Steuerzahlungen fragte. Innerhalb von 6 Wochen regelte sich jedoch alles mit Unterstützung der Intentionen auf solch entspannte Weise und mit Leichtigkeit, dass ich es kaum glauben konnte. Die eingeforderte Steuerzahlung wurde mit den bereits geleisteten Ausgaben aus den letzten Jahren verrechnet und ich erhielt sogar noch eine Rückzahlung.

Ich liebe die Wirkung von Intentionen, und es kann wirklich alles passieren, wenn du dein inneres Faultier überwindest und sie einfach setzt. Und seitdem ich Absichtskärtchen in jedem meiner Steuerordner habe, erhalte ich Mahnungen gar nicht oder sehr verspätet und habe trotz verzögerter Abgabe nie eine Geldbuße bekommen.

- Beschrifte hierfür einfach ein Absichtskärtchen mit der Intention: »Das Finanzamt und alle Menschen dort sind mir wohlgesinnt, und alle Unterlagen gebe ich absolut vollständig und zur richtigen Zeit ab.« Hefte es in den Ordner, in dem deine Unterlagen sind. Bevor ich den Ordner zum Steuerberater bringe, nehme ich das Kärtchen heraus und hefte es danach einfach wieder ein.

Ich werde das Gesicht von meinem Schatz nie vergessen, als ich ihm von der Steuerrückzahlung erzählt habe. Seine Kinnlade hätte nicht weiter herunterfallen können. Für solche Momente allein lohnt es sich, Premiumintentionen zu setzen.

Ich wünsche dir noch einen grandiosen Tag, voll angenehmer Überraschungen. Lass es dir richtig gut gehen!

Tag 6: Mit dem Fokus auf deine Berufung

Es ist sehr wichtig, dass du beginnst, deinem Ego beziehungsweise deinem Verstand mehr Respekt zu zollen. Es unterstützt dich täglich darin, deinen Fokus darauf auszurichten, was du dir ehrlich wünschst. Sobald ein Wunsch aus deinem Ego auftaucht, will dir dieser zeigen, dass in deinem Wünschen und Beabsichtigen die Frequenz noch nicht umfassend installiert wurde, sodass es sich im Außen zeigen kann.

Ein tolles Beispiel hierfür ist der Wunsch, ein Konto mit Rücklagen als Back-up zu haben. Daraus entsteht die Intention, ein Extra-Konto mit mindestens zwanzigtausend Euro zu besitzen. Der Verstand und die äußeren Umstände boxen noch gegen diese Intention und machen es schwer, der Realisierung zu vertrauen. Das Zeichen dahinter ist offensichtlich, denn das Ego möchte nicht aus Mangel heraus eine Rücklage für dich schaffen, mit der aufgrund der ungemütlichen Frequenzen jedoch irgendwann ein finanzieller Rückschlag eintreten könnte. Somit zeigt der Verstand wie ein automatisches, geniales Alarmsystem auf, dass der wahre Wunsch dahinter eigentlich ein wunderbares Sicherheitsgefühl ist. Der Grund dafür besteht darin, mehr als genug Geld auf dem Konto zu haben, um ohne Druck dem eigenen Gefühl folgen zu können. Somit hat der Verstand und die Blockaden, welche das Ego in den Weg gelegt hat, zu einer größeren Intention verholfen.

Genauso verhält es sich mit Ego-Wünschen, welche eventuell nicht dem Herzen entsprechen und doch eine große Kraft bergen, dir zu helfen, deinen Fokus auf deine vollkommene Premiumvariante zu halten.

- Mit den Premiumintentionen am vorletzten Tag in diesem 7-Tage-Programm bringst du deine bisherigen Erwartungen an deinen Beruf ins Reine. Du kannst dich ganz entspannt deiner größten Gabe, deiner Berufung, widmen.

Geldbeutel: »Mein Geldbeutel trägt auf wunderbare Weise dazu bei, dass ich einen grandiosen Bezug zum Bargeld habe und den Gegenwert beim Geldausgeben direkt spüren, integrieren und vermehren kann.«

Scheckkarte: »Ich bezahle alle meine Rechnungen wie von allein pünktlich und weiß, dass das Geld mehrfach zu mir zurückkommt und ich eine natürliche, mit mir im Einklang lebende Geld-Anziehungs-Maschine bin. Meine Scheckkarte ist gern gesehener Komplize und unterstützt mich tatkräftig dabei.«

Bankkonto: »Ich bin mit meinen Bankkonten in Frieden und erlaube mir, dass dieser tiefe Frieden sich auf all meine Glaubenssätze in Hinblick auf Finanzen ausbreitet und eine Welle aus Respekt und Achtung meinem ganzen Selbst gegenüber hervorruft.«

Mülleimer: »Jedes Mal, wenn ich den Mülleimer leere, lasse ich alte begrenzende Gedanken über die Möglichkeiten meines Erfolgs los und erlaube mir, Platz für grandios geniale Einfälle zu schaffen, die ich spielerisch leicht und erfolgreich umsetze. Passend dazu muss ich den Mülleimer immer weniger leeren und fühle mich sauwohl damit, beschwingt und ohne darüber nachzudenken weniger Müll zu produzieren.«

● ● ●

Nun möchte ich ganz bewusst eine Intention aus dem ersten Band von 8 x 8 Premiumintentionen mit diesem Buch vernetzen. Wenn du diese Intention aus dem ersten Band setzt, darf dich die bereits generierte Energie über die Erfolge der Leser des ersten Buches umgeben. Deine bisher investierte Energie wird sich somit für dich als Leser potenzieren und in weiteren Erfolgen widerspiegeln. BÄM!

Dies ist die Intention zum E-Mail-Postfach aus dem ersten Band von 8 x 8 Premiumintentionen.

E-Mail-Postfach: »Mein E-Mail-Postfach ist wie eine kleine lila-grüne Liane, die sich um Premiumnachrichten, gute Präsenz und Reputation und klare, liebevolle Konversation kümmert.«

Papier: »Geld ist in meinem Alltag in Hülle und Fülle vorhanden. Ich verfüge über eine grandiose Möglichkeit, Geld in Umlauf zu bringen und dieses Spiel mit jeder Faser meines Seins zu genießen. Jedes einzelne Papier in meinem Haushalt hilft mir, meine Frequenzen in Einklang mit Fülle und Reichtum zu bringen.«

Telefon: »Ich beabsichtige, dass meine Welt mir von überall her Geld liefern darf. Mein Telefon sorgt auf magische Weise dafür, dass sich diese Premiumintention mit jeder Benutzung noch mehr verstärkt und ich dieses Geld auch mit Freude annehme.«

WLAN: Alle WLAN-Verbindungen, die mich umgeben, verbreiten eine leichte, sanfte und Fülle bringende Citrin-Energie. Ich beabsichtige, die WLAN Strahlung in die wundervolle Energie des Citrin-Heilsteins zu wandeln und diese voller Freude aufzunehmen und mich somit sicher zu fühlen.«

Kopfhörer: »Ich beabsichtige durchdringend, zu genau den richtigen Menschen und Gesprächen zu gelangen, welche mich zu den Informationen und Veränderungen bringen, die ich brauche, um ein erfülltes, wohlhabendes und liebevolles Leben zu führen.«

Internet-Anschluss: »Ich beabsichtige durchdringend, durch den wundervollen Anschluss an das Internet einen stetigen Anschluss an den unendlich reichen Fluss des Lebens zu spüren und deutlich in Form von grandiosen Beweisen wahrzunehmen.«

Browser: »Schnuffi, mein Scheiß-egal-Browser, filtert im Hintergrund für mich all die Energien heraus, die für mich nicht hilfreich und unnötig sind. Er schwingt diese Informationen mit seinem Sirtaki-Fuß aus unserem Resonanzfeld hinaus, sodass sie fernbleiben.«

Facebook: »Ich beabsichtige, alles, was mir Freude und Spaß macht, auch in meinem Beruf zu leben und eine Erfüllung weit über alle bisherigen Grenzen und Glauben hinaus zu leben. Ich freue mich, dass mein Facebook-Account mir nur Gutes liefert und mir hilft, meinen Fokus noch bewusster auf das zu lenken, was und wie ich sein möchte.«

Lass deinen Fokus nicht von anderen bestimmen!

Die schnelllebige Zeit flutet uns mit Informationen. Mittlerweile ist fast jeder Mensch stets über sein Smartphone, per Telefon, E-Mail, WhatsApp und Facebook erreichbar. Eine ganze Weile habe ich mich selbst dabei ertappt, wie ich diese vier Bereiche im Zwanzig-Minuten-Takt auf neue, wichtige Informationen geprüft habe. Sogar auf der Toilette hatte ich das Handy in der Hand und sah mir die meist unnützen Posts auf Facebook an. Das hat meine Laune ab und an ziemlich in den Keller gezogen und vor allem eine Art innere Hektik mit sich gebracht, die ich nicht beschreiben kann. Der Bildschirm war das, worauf ich morgens zuerst und abends zuletzt starrte. De facto können wir aber zu genau diesen Zeiten unser Gehirn auf eine sehr wirkungsvolle Weise programmieren.

Das bedeutet, wenn auch du deinen Morgen und Abend mit dem Schauen auf einen 4,7 Zoll-Bildschirm verbringst, überlege dir sehr gut, ob die entsprechenden Informationen dich eher positiv stimmen und in deinem Leben bestärken oder eher einer Achterbahnfahrt gleichen.

- Erlaube dir, dass es morgens und abends um dich geht und nicht das Außen steuert, was du erlebst beziehungsweise wahrnimmst, sondern du selbst. Dabei kann beispielsweise ein kleines Teeritual am Morgen helfen.

  Gieße den Saft einer halben Zitrone mit einem Löffel regionalen, nicht erhitzten Honig in ein Glas heißes Wasser und gehe dann für 5 Minuten zurück ins Bett, um deine Absichten (Intentionen) für den Tag festzulegen und zu verstärken.

Am Abend könntest du zuletzt ein paar Zeilen eines Buches lesen, das dich freudig stimmt und deinen Fokus auf etwas Schönes richtet. Zwei Seiten reichen völlig aus, um den Alltagsstress hinter dir zu lassen und in eine angenehme Ruhe zu kommen. Ich liebe hierfür beispielsweise die Bücher von Esther und Jerry Hicks mit ihren liebevollen Fallbeispielen. Indem du über das Lesen oder das Setzen von ein, zwei Intentionen auswählst, was du am Abend zuletzt denkst – und folglich auch fühlst –, sagst du deiner Welt ganz klar und deutlich, wovon sie dir mehr liefern soll. Und das wird sie! Das Beste an dieser Methode ist, dass du mit der Zeit weniger von dem erlebst, was du nicht möchtest, und mit immenser Steigerung mehr Gutes in dein Leben kommt.

● ● ●

- Eine zusätzliche Hilfe, um deinen Kopf zur Ruhe zu bringen, ist das Meditieren. Durch das Schauen auf Quantengemälde reinigst du in den 8-Minuten-Dates (Meditationen) dein Energiefeld und unterziehst dich sozusagen einer Intensivkur, um deinen Fokus wieder auf das auszurichten, was nun am wichtigsten ist. Ich liebe diese schnellen Wegweiser, die meinen Kopf wieder klar machen und mir durch ein sicheres Gefühl zeigen, was als Nächstes zu tun ist. Schau dir an, welche Sache für dich am besten passt, sodass du deinen Fokus weiter selbst bestimmst.

Tag 7: Bereinigte Vergangenheit als unterstützende Basis

Alles passt sich von Zeit zu Zeit an, und wir werden immer wieder neue Wünsche und Ziele haben. Auch die vermeintlich negativen Gefühle werden weiterhin einen Platz in deinem Leben haben. Wut, Hass, Angst, Unsicherheit sind uns kleine Helfer, die aufzeigen, an welchen Schrauben noch ein bisschen zu drehen ist.

Das kann aber eine unglaublich große Bereicherung sein, denn du wirst im Laufe der Zeit immer mehr Wünsche und Ziele realisieren und ein reiches und erfülltes Leben führen. Du lernst mit jedem Tag, wie du möglichst schnell wieder zu positiven Gefühlen zurückkehrst. Du lernst, Gefühlen der Liebe, Zuneigung, Wertschätzung und tief empfundener Freude mehr Raum zu geben. Es ist immer wieder ein Zyklus der Gefühle, den wir durchmachen. Manche bezeichnen das als die Emotionsskala. Ich sehe es als einen Kreis, der alle guten Gefühle in Nuancen der Intensität enthält. Hoffnung, Wertschätzung, Angst, Wut, Trauer …

Je schneller du in diesen Emotionen hin und her springen beziehungsweise sie kreisen lassen kannst, desto besser. So kannst du viele energetische Potenziale nutzen und in dein Ziel leiten. Wie ich schon gesagt habe, halte ich Wut beispielsweise für einen super Katalysator, um schnell voranzukommen. Das Gefühl der Wut übertüncht die Angst vor dem Versagen und bringt dich dazu, zu handeln.

- Am Tag 7 bereinigen wir die Gegenstände der Vergangenheit, welche in direktem Bezug zum Geld stehen und dich sicherlich stark geprägt haben. Denke auch hier einfach an die Gegenstände, wenn du dich an sie erinnern kannst. Falls nicht, setze die Intention einfach allgemein. Wir können die Vergangenheit nicht direkt verändern, doch deren Auswirkungen und unser Denken darüber umso mehr.

  Lege nun los und spüre, wie du dich von den Glaubenssätzen anderer loslöst, um deine eigene Freiheit mehr zu leben.

  Geldbeutel deiner Eltern: »Der Geldbeutel meiner Eltern wird mit dieser Intention emotional für mich neutralisiert, und ich beabsichtige, mich im gleichen Atemzug frei, unbeschwert und sicher mit dem Versorgtsein meiner Ahnen zu fühlen. Ich erlaube mir durchdringend, all die Fülle, die meine Ahnen energetisch wie physisch in Anspruch genommen haben, vielfach mit Leichtigkeit zu reproduzieren und noch angenehmer zu genießen.«

Geldbeutel deines Partners: »Ich beabsichtige durchdringend, vollkommen zu meiner Fülle, Größe und Schönheit in ihrer ganzen Pracht zu stehen und mich sicher und wohl damit zu fühlen.«

Bargeld: »Das Bargeld ist mein Freund, und ich erfülle mir spielerisch und mit tiefem Vertrauen zahlreiche Wünsche. Jeder einzelne Schein und jede Münze kommen gern zu mir, und das Bargeld bleibt mir mit jedem Auffüllen des Geldbeutels auf magische Weise noch länger erhalten, obwohl mein Lebensstandard stetig steigt.«

Elektronisches Geld: »Ich bin mit dem elektronischen Bezahlvorgang vollkommen zufrieden und liebe die Freiheit der vielen Möglichkeiten, die er bietet. Ich kann mir selbst, dem elektronischen Bezahlen und den Banken vollkommen vertrauen, da meine Frequenz und mein Resonanzfeld Sicherheit und Wohlstand ausstrahlen.«

Spardose: »Mein Sparschwein koppelt mich täglich von den nicht für mich bestimmten Glaubenssätzen des Kollektivs ab und ermöglicht mir dadurch, unabhängig vom Geld stets wahrhaft glücklich, erfüllt und voller Vertrauen für die schönen Dinge des Lebens offen zu sein.«

Du darfst in Geld verliebt sein!

Ich möchte dir an dieser Stelle von einer Frau erzählen, bei der ich mal bei einem Coaching war. Wenn ich ihr das Geld für die tollen, weitergegebenen Informationen gab, tat sie etwas Wundervolles: Sie sprang theatralisch auf, nahm das Geld in die Hand und hielt es in die Höhe. Dann rief sie lauthals »Dankeeeee« und küsste die Scheine mehrmals. Diese Frau hat das Geld in ihrem Leben herzlich begrüßt. Ich selbst mache das zwar nicht in dieser Form, doch was ich mit dieser Geschichte sagen will, ist:

Hör bitte auf, so zu tun, als sei Geld für dich nicht wichtig. Jeder freut sich über Geld, und jeder von uns weiß ebenso, dass Geld nicht alles ist. Doch es hilft uns nun mal sehr, in diesem System voranzukommen und sich schöne Dinge leisten zu können. Genau dies sagen auch Menschen, die wirklich wohlhabend sind.

Stell dir vor, du hättest eine wirklich tolle Freundschaft mit einem ganz lieben Menschen. Doch sobald andere dabei sind, versucht er oder sie, das zu vertuschen, indem er oder sie dich plötzlich überhaupt nicht mehr beachtet. Als wäre das nicht schon genug, spricht diese Person sogar schlecht über dich und erzählt den anderen, dass du eigentlich nicht hilfreich für sie bist. Was sagst du dir nach einiger Zeit, nachdem du das mitgemacht hast? Genau, das Ganze wird dir zu blöd und du triffst diese Person immer weniger, meidest sie eventuell sogar.

Sag dir also von nun an immer wieder:

»Geld ist mein Freund, es meint es supergut mit mir und ermöglicht mir so viele tolle Dinge. Ich stehe zu meinem Freund namens Geld und freue mich, dass er für die meisten Menschen ein großer Helfer dabei ist, wunderschöne Dinge zu erhalten.«

Da das Geld dein Freund ist, wird es dir verzeihen und sich gern sehr schnell wieder mit seinen vielen Geschwistern zu dir gesellen.

Erstes Sparbuch: »Ich beabsichtige durchgehend, mit meinem ersten Sparbuch bereits eine grandiose Zeit mit wunderbaren Leuten in meinem Beruf vorprogrammiert zu haben und mich jeden Tag an meinem Arbeitsplatz vollkommen wohl und sicher zu fühlen. Ich bin voller Dankbarkeit dieser herrlichen, für mich optimalen Möglichkeit gegenüber und dem, dass ich täglich wirklich unfassbar viel Gutes an Sicherheit, Glück und Erfolg mit nach Hause nehmen kann!«

Schule: »Ich beabsichtige, stets nur liebevolle und positive Begegnungen zu haben, und begegne mir ebenfalls auf eine liebevolle Art und Weise. Alle früheren Begegnungen mit Mitschülern und Lehrern werden nun mit dieser Intention vollständig bereinigt.«

Studium oder Ausbildung: »Ich beabsichtige voll und ganz, einen wunderbaren Tag zu erleben und meine Erfolge mit Leichtigkeit dahin zu schmettern, begleitet von tief empfundener Liebe und gemeinsam mit grandiosen Menschen, die mein Herz bereichern.«

Deine besserwisserische, vervollständigende Welt will helfen

Eine Nachricht von deiner Welt, die es unglaublich gut mit dir meint: Verstehe, was das Universum mit dir vorhat und warum es in dir manche Bedürfnisse entstehen lässt.

Wenn du beispielsweise einen Onlineshop aufmachen möchtest und hast hierfür bereits einen kompletten Plan erstellt, fällt dir plötzlich ein, dass ein kleiner Laden in deiner Stadt auch ganz toll sein könnte. Du wunderst dich vielleicht zunächst über deine Wechselhaftigkeit und wirst wütend auf dich.

Doch es ist Zeit, in diesem Fall einen tieferen Blick auf die Angelegenheit zu werfen: Deine Welt sucht den leichtesten Weg, um all die Frequenzen vollständig zu installieren, welche dich in den Genuss deiner Premiumvariante bringen. Dabei musst du nicht jedem Impuls auch in der materiellen Welt folgen. Manchmal geht es einfach nur darum, den Gedanken zuzulassen, damit sich ein bestimmtes Gefühl in dir etablieren kann. In dem Beispiel vom Onlineshop und dem Laden könnte das durch den automatischen Prozess des Zulassens das Gefühl von »Sichtbarkeit« und »gesehen werden« integriert haben.

Glaubenssätze der Eltern: »Von nun an bin ich meinen Eltern noch dankbarer für ihren Dienst und für all die Fülle, die mich umgibt. Sie haben mir klar durch ihr Leben gezeigt, was ich möchte und was nicht. Dankbarkeit erfüllt mein Herz für diese Klarheit und für die einfachsten, lebenserhaltenden Dinge, wodurch noch mehr Wertschätzung mein Leben in den schönsten und buntesten Facetten bereichert.«

Glaubenssätze der Großeltern: »Geld darf einer meiner Freunde sein, mit dem ich gemeinsam Projekte erfolgreich realisiere. Es darf mir die Sicherheit geben, die ich mir von Herzen wünsche.«

Sprüche über Geld: »Ich beabsichtige, dass ich mit einer entspannten Art alle nicht mehr hilfreichen Sprüche über Geld einfach vergesse und in premiummäßige Reichtumsgedanken transformiere, die mir dieses wundervolle Zahlungsmittel in Massen bringen. Als kleine Nebenerscheinung für diese Reichtumsgedanken bekomme ich fortan immer sofort einen Parkplatz und Sitzplatz.«

Schuhe: »Ich beabsichtige, wundervolle Eigenschaften von Menschen, die mir gefallen, spielerisch in meinem Resonanzfeld zu übernehmen und dadurch mit jedem Schuhe An- und Ausziehen zu der Person zu werden, die ich voller Begeisterung sein möchte.«

Du hast das 7-Tage-Programm fast abgeschlossen. Ich bin schon ganz aufgeregt, denn was nun kommt, ist zum Abschluss bahnbrechend wichtig. Die letzte Intention fehlt noch, um das 64-Tetraeder-Gitternetz, die geometrische Figur, die du auf der Buchtitelseite siehst, energetisch stabil zu machen und somit deine Arbeit der letzten 7 Tage vollkommen zu aktivieren. Du kannst die letzte Intention morgen oder noch heute setzen.

Worauf wartest du? Auf geht's zur Aktivierung deines optimalen Potenzials.

Nach dem 7-Tage-Programm

Wenn sich etwas intensiv verändert, wird zuerst ein starkes Energiepotenzial frei. Wir sind total aufgeregt und können fast nicht schlafen, weil wir spüren, dass große Veränderungen anstehen. Sobald dann eine Weile nichts Bahnbrechendes passiert ist, werden wir ungeduldig und beginnen, der ganzen Sache nicht mehr zu vertrauen. Der Zweifel, ob die euphorischen Gedanken und Gefühle vor ein paar Tagen richtig waren, kommt auf. An dieser Stelle ist es wichtig zu verstehen, dass es ab und zu ein wenig Zeit benötigt, um dich frequenziell auf die neue Ebene der Resonanz zu bringen. Wenn jede Veränderung, die energetisch bereits sofort im Gange ist, auch gleich eintreten würde, würden wir verrückt werden.

Ein hervorragendes Beispiel dafür ist, wie sich dein Zuhause durch die ganzen Premiumintentionen verändert. Es wird heller werden, und vor allem wird es für dich leichter sein, zu Hause neue Gedanken zu hegen. Wenn dieser energetische Abgleich mit der Materie sofort geschehen würde, wärst du plötzlich in einem tatsächlich helleren Raum, der farbiger und gemütlicher ist und in dem alte Gefühle und Sichtweisen gar nicht mehr angesteuert werden könnten. So etwas in der Art hast du vielleicht schon mal erlebt, wenn bei einem starken Frequenzwechsel dein Körper plötzlich von einer unerklärlichen Wärme und einem leichten Schwindel erfüllt war. Diesen Vorgang nennt man Variantenwechsel, und es ist gut, wenn dieser ein wenig Zeit benötigt, um deine bewusste Wahrnehmung zur neuen Frequenz zu transportieren. Dein System kennt den für dich besten Weg, um dir stabile und stetige Besserung zu vermitteln.

Deshalb: Denk daran, dass deinen alten Mustern und Gedanken von Armut, Opfer-Sein und Nicht-Reichtum bereits der Stecker gezogen wurde, deren Auswirkungen sich aber teilweise noch zeigen. Das ist lediglich aus dem Grund so, dass du nicht verrückt wirst, wenn sich alles um dich herum komplett zu deiner Premiumvariante verändert und es nichts mehr zu motzen gibt.

Doch damit du deine Premiumvariante mit Sicherheit genießen wirst, möchte ich mit der letzten Premiumintention eine Art Imprägnierung über diese Veränderung legen. Diese Intention ist die 64. in diesem 7-Tage-Programm, und sie führt dazu, dass das Konstrukt der Veränderung, die wir durch jede einzelne Intention mehr und mehr aufgebaut haben, sich festigt und sozusagen in sich an jedem Punkt stabil ist.

64-Tetraeder-Gitternetz für stabile Weiterentwicklung

Für diese Stabilität habe ich mir, wie auch im ersten Band für dein Zuhause und im zweiten Band für deine Beziehungen das 64-Tetraeder-Gitternetz zurate gezogen. Das Symbol, das du auf dem Buchcover abgebildet siehst, ist eine geometrische Figur, die das Potenzial aller Lebensvarianten in sich trägt. Es ist der kleinstmögliche, sich selbst mit Energie versorgende Organismus, der durch seine Stabilität alle Möglichkeiten des Seins birgt.

Das 64-Tetraeder-Gitternetz ist ein perfekt stabiler, supraleitfähiger und suprafluider Trägerstoff mit unendlichem Energiepotenzial, der mit jedem Punkt im Universum verbunden ist. Seine Kräfte sind vollkommen im Gleichgewicht und tragen somit dazu bei, dass jede einzelne Intention für dich stark und stetig wirken darf.

Dieses geometrisch perfekte Gebilde können wir aus jeder Perspektive anschauen und individuell Neues entdecken. Es beinhaltet zahlreiche, in der Geschichte wichtige geometrische Figuren, wie zum Beispiel die Merkaba, das Dreieck und den Baum des Lebens.

Sogar die Blume des Lebens ist in der männlichen Form enthalten. Somit unterstützt dieses wahrlich magische Symbol uns darin, nicht nur im Geiste (weiblich, Blume des Lebens) Neues zu kreieren und zu verwirklichen, sondern auch in der Materie (männlich, 64-Tetraeder-Gitternetz) Ergebnisse zu produzieren, was, wie ich finde, gerade für die Finanzen und den Reichtum sehr hilfreich ist. Wir wollen schließlich Ergebnisse!

Aktivierung des 64-Tetraeder-Gitternetzes

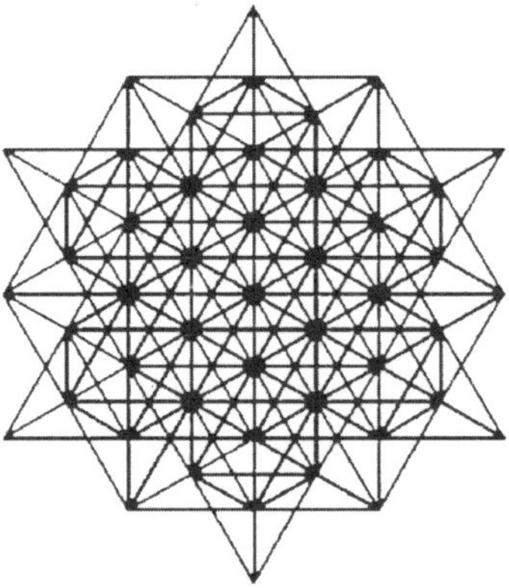

- Nun setzen wir gemeinsam die 64. Intention, welche die Wirkung des Gitternetzes vollständig aktiviert und aufbaut. Setze dich aufrecht hin und strecke deine Brust ein bisschen mehr raus als nötig, atme tief ein und lege dann los.

Potenzialaktivierung: »Mit dieser 64. Intention formiere ich all meine gesetzten Intentionen in die Anordnung der geometrischen Figur des 64-Tetraeder-

Gitternetzes, der göttlichen Struktur des Universums, aus der alles Leben entsteht. Die Kraft des Universums unterstützt meine Intentionen. Meine Intentionen unterstützen kraftvoll das Universum.«

Wenn du ein Profi in Sachen Intentionen bist und bereits das 8 x 8 Premiumintentionen-Buch für dein Zuhause und für deine Beziehungen durchgearbeitet hast, möchte ich dich bitten, an dieser Stelle bei der Aktivierung der letzten Intention in diesem Programm zusätzlichen Folgendes zu tun.

- Nachdem du die Intention gesetzt hast, beginnst du das oben abgebildete 64-Tetraeder-Gitternetz in deiner Wirbelsäule superschnell hoch- und runterflitzen und in sich drehen zu lassen. Daraufhin machst du erneut die Magische Handbewegung und schließt das Programm somit ab. Du bist nun ein Fortgeschrittener im Intentionen Setzen und wirst dir dies deshalb leicht vorstellen können.

Auf *www.jaycjayarts.com* kannst du dir das Symbol des 64-Tetraeder-Gitternetzes kostenfrei herunterladen und für deinen Handybildschirm oder PC als Hintergrund verwenden. So stabilisierst du mit jedem Blick deine Gedanken sowie dein Energiesystem, was dir mehr Kraft im Alltag zur Verfügung stellt.

Noch schneller in deine Premiumvariante!

Um nach diesem kraftvollen Programm tatkräftig weitermachen zu können, möchte ich dir drei Tipps mit auf den Weg geben, die mir im Hinblick auf Finanzen besonders schnell und zuverlässig helfen.

Wenn wir etwas Neues für uns entdecken und anwenden, ist es wichtig, dass wir es nachhaltig tun. Die Veränderungen werden in dein Leben trudeln, und du wirst dich darüber freuen. Und danach werden neue Dinge in dein Leben kommen, und du wirst dich wieder freuen, weil sie sich realisieren.

Was aber, wenn diese Veränderungen nicht mehr genug sind? An diesem Punkt ist es wieder Zeit, sich der energetischen Expansion anzupassen und die Schritte wieder aktiver in Richtung Premiumvariante zu gehen. Diese Expansion ist unvermeidlich, und ich weiß, dass sie manchmal sehr nerven kann. Gerade hat man erst dieses oder jenes erreicht und giert schon dem nächsten, höheren Ziel entgegen. Das ist die permanente Expansion des ewigen Universums, in dem wir leben, denn ohne diese würde der Stillstand uns auslöschen, und es würde kein Leben mehr existieren können.

Deshalb möchte ich dir ans Herz legen, stetig mit den Veränderungen in deiner Premiumvariante, der besten Version deines Selbst, zu gehen. Das führt dazu, dass du ebenso stetig glücklich bist und die Potenziale deines Lebens voll auskostest und genießt.

Tipp 1:

Setze Abgleichtermine, um deine Zielerreichung zu bestimmen!

- Bleibe an deiner persönlichen Expansion dran und gewöhne dich daran, dass Wünsche sich verändern. Das kannst du am besten machen, indem du dir die Entwicklung deiner Wünsche genau anschaust. Mach dir eine Liste mit den Wünschen
  - was du in den nächsten drei Monaten erleben möchtest
  - inwiefern sich deine Finanzen verändern sollen
  - was noch zusätzlich als kleines Bonbon deinen Alltag versüßen darf.
- Nach drei Monaten holst du dieses Blatt wieder hervor und gleichst ab, was sich tatsächlich erfüllt hat, was sich aber gefühlsmäßig (beispielsweise durch ein starkes Gefühl von Sicherheit) bereits erledigt hat und welche Ziele in deinen neuen To-Do-Planer übernommen werden sollen.

- Daraufhin nimmst du ein neues Blatt hervor und übernimmst die Ziele, die sich noch nicht erfüllt haben, und setzt eine Intention für deren Realisierung. Dann fügst du die Ziele hinzu, welche du in den nächsten drei Monaten erreichen möchtest und beginnst sozusagen von vorn, die drei Fragen zu beantworten.

Diesen Abgleichtermin machte ich zuerst ein Mal im Jahr. Nach zwei Jahren habe ich die immense Kraft des Leistungsmessens erkannt und die Termine monatlich anberaumt. Mittlerweile sitze ich jeden Monat mit meiner Freundin in unserem Lieblingscafé, und wir gleichen mit größter Freude ab, was wir erreicht haben und was sich im nächsten Monat realisieren darf. Das ist so kraftvoll, dass ich es mit Worten fast nicht beschreiben kann.

Besonders, wenn du Angst vor dem Aufschreiben und Anschauen der Zettel hast, ist das eine tolle Technik, um zu sehen, ob das, was du tust, um deinem Ziel näher zu kommen, überhaupt zum gewünschten Ergebnis führt. Oder ob es Zeit ist, neue Wege zu gehen, und somit auf Dauer auch weniger enttäuscht zu sein.

- Setze am besten zusätzlich zu deinen einzelnen Punkten auf der Liste Intentionen für deren leichte und spielerische Realisierung. Dann erreichst du deine Ziele und Wünsche schneller und vor allem leichter. Deshalb trage am besten jetzt sofort alle drei Monate einen Termin in deinen Kalender ein, in dem du dir eine ganze Stunde Zeit nimmst, deine Ziele abzugleichen. Die Belohnung ist immens.

Übrigens: Einen hilfreichen To-Do-Zettel für Ziele und Intentionen hierfür findest du im kostenfreien Programm zu diesem Buch (siehe Seite 127) auf meiner Website zum Herunterladen und Ausdrucken.

Tipp 2

Verwende Absichtskärtchen für spezifische Absichten!

Absichtskärtchen sind der Meister des Fokus-Ausrichtens, besonders wenn du ungeduldig bist, weil du sehr viele Ziele hast.

- Ich nutze die kleinen Zauberkärtchen, um meine Ziele in Form einer Intention darauf festzuhalten. Durch das Quantengemälde (Energiebild) auf der Rückseite wird deiner geschriebenen Absicht täglich Energie zugefügt und dein Ziel kann sich so schneller in deinem Leben realisieren. Auf diese Art ziehe ich nebenbei, ohne mich verrückt zu machen, materielle Gegenstände, Gefühle und gute Lösungen für Probleme an. Wenn sich der Wunsch erfüllt hat, schreibe ich das Datum auf das Kärtchen und habe somit auch einen guten Anhaltspunkt für meinen Zielabgleich und sehe, wie viel ich eigentlich schon erreicht habe. Das vergisst man ab und an zu schnell.

Tipp 3

Räuchere, um Schwächen auszumerzen!

- Einfaches Räuchern ist bereits so kraftvoll! Wenn du ab sofort deine Räucherstäbchen oder -kegel mit einer klaren Absicht verknüpfst, macht das Ganze noch mehr Spaß. Du kannst die Duftstoffe mit der Intention versehen, all die negativen Glaubenssätze bezüglich deiner Finanzen im Raum dauerhaft aufzulösen oder beabsichtigen, dass du und deine Finanzen sowie deine Familie beschützt sind.

Ich kann mir das Räuchern nicht mehr aus meinem Leben wegdenken und verbanne damit mittlerweile alle zwei Wochen alte Energien aus meiner Wohnung. Meine Lieblinge in Sachen Räuchern sind Weihrauch, Nag Champa Agrabatti, Geranie und der alles Negative extrem stark reinigende Mapacho.

Special: Geld ausgeben, einladen und annehmen

Sobald du zum Thema »Geldtauschen« neutral bist, wird es dir um einiges mehr Freude bereiten, Geld jeder Art auszugeben, in dein Leben einzuladen und es auch wirklich von Herzen gern anzunehmen. Genieße jeden einzelnen Schritt deiner Entwicklung, denn sie wird dich unablässig zum Erfolg bringen.

Wenn du von heute auf morgen in einer Frequenz von unendlichem Reichtum schwingen würdest, wäre dies zu viel für dein System. Das Zentrum für Selbstsabotage in dir würde dich sofort darin unterstützen, dich möglichst schnell in deine Komfortzone zurückzubringen. Und das ist auch gut so, denn dein energetisches System braucht eine gewisse Stabilität, um deinen physischen Körper ebenso stabil und gesund zu halten. Trotzdem darf diese Frequenzanpassung schnell passieren. Ziel ist es, deine Komfortzone mit jedem Schritt und voller Stabilität zu erweitern, sodass die Verbesserungen in deinen Finanzen stetig anhalten und dir auch wirklich erhalten bleiben.

Wie du Geld ausgibst

Wir wollen immer zuerst mit der Aufgabe beginnen, Geld zu generieren und in unser Leben einzuladen. Das ist auch richtig so, doch nicht der leichteste Weg, um in Frieden mit dem Geld – ob bar oder unsichtbar – zu kommen. Was du schon jeden Tag fleißig machst, ist Geld ausgeben. Deshalb können wir hier hervorragend an dem arbeiten, was bereits täglich geschieht. Als Kind warst du versorgt, ohne dass du dafür arbeiten musstest. Lass uns also alle Blockaden bezüglich des Geldaustauschens loswerden.

Durch diese lustige Übung wirst du mit jedem Tag mehr Reichtum in deinem Leben anziehen und hast dabei eine Menge Spaß.

- Schapp dir ein Blatt Papier und schreibe oben drauf »Tag 1 – tausend Euro«. Nun listest du darunter auf, was du dir heute alles kaufen würdest, was in der Summe tausend Euro ergibt. Das könnte neues Geschirr sein, Dekoration für die Wände, ein Mantel und das neue Tablet, das du in der Werbung gesehen hast. Es ist wichtig, dass du fiktiv nicht mehr und nicht weniger als tausend Euro ausgibst.

Am nächsten Tag schreibst du auf das Blatt »Tag 2 – zweitausend Euro« und schaust, was du dir heute alles gern kaufen würdest. All die Dinge, die bereits auf deiner Liste stehen, sind gekauft und gehören dir. Wenn es noch mal auf die Liste kommt, hast du es zweimal gekauft. Deshalb wirst du nach ein paar Tagen schon merken, wie dir teilweise gar nichts mehr einfällt, was du für dich kaufen möchtest. Du beginnst, deiner Familie eine Freude mit einem Urlaub zu machen und überlegst vielleicht, Sicherheiten über Immobilienkäufe zu generieren.

Am Tag 33 hast du dann dreiunddreißigtausend Euro zur Verfügung, die du ausgeben sollst. Am Tag 276 beispielsweise wären es zweihundertsechsundsiebzigtausend Euro! Mit jedem Tag sind es tausend Euro mehr, und dieses fiktive Geldspiel kannst du so lange fortführen, wie du möchtest. Auf diese geniale Art steigerst du dein Denken über deine Finanzen und dein Geld so schnell und so radikal, dass die Wirkung nicht lange auf sich warten lässt. Immer wenn es bei mir auf dem Konto brenzlig wurde, habe ich diese Übung für mindestens zehn Tage gemacht, und schon am Tag 5 hat sich bei mir immer ein angenehmer Geldsegen von irgendwoher gezeigt. Das können Kleinigkeiten sein, zum Beispiel, dass du zwanzig Euro auf der Straße findest. Oder eben, dass du beispielsweise befördert wirst und mehr Geld bekommst.

Ein Grund, warum diese Übung dich so hervorragend auf Reichtum einschwingt, besteht darin, weil Geld im Umlauf sein möchte. Wenn es irgendwo gehortet wird und du es auf keinen Fall wieder hergeben möchtest, stagniert die Energie sofort. Es scheint mir, als wollten sich dann nicht mehr Geldbrüder und -schwestern dazugesellen.

Was ich jedoch für eine großartige Idee halte, ist, sich immer mehr unterschiedliche Sicherheiten aufzubauen. Wie zum Beispiel in einem Briefumschlag hundertfünfzig Euro in der Krimskramsschublade in der Küche zu haben. Eine solche Schublade, in der allerlei Zeugs, von Pflastern, Taschentüchern, Plastiktüten über Feuerzeugen & Co, gesammelt wird, hat jeder. Einen gefüllten Geldbeutel, in dem immer mindestens hundert Euro sind, eine reich gefütterte Spardose und Gold- und Silbermünzen gehören auch dazu. Wenn es dir momentan noch nicht möglich ist, das konkret umzusetzen, kannst du das mit auf deine fiktive Geld-Liste nehmen, um es schon mal zu bestellen.

Dieses Streuen der Risiken hilft dir jedenfalls, dich sicherer zu fühlen, und solange du nicht versuchst, zwanghaft zu horten, gibt es dir finanziell Stabilität. Es ist eine Art Back-up, auf den du dich mehr oder weniger verlassen kannst. Und trotzdem gilt es zu bedenken, dass Geld im Umlauf sein möchte, um dir tolle neue Freuden zu bringen. Dann fühlt es sich wohl und kommt gern zu dir zurück.

Wie du Geld einlädst

Natürlich hilft es uns nicht, nur zu wissen, dass wir Geld ausgeben sollen. Es geht darum, dein Resonanzfeld so anzupassen, dass du die Ausstrahlung einer wohlhabenden Person hast. Dazu kommst du zum einen, wenn du die vielen Tipps aus diesem Buch anwendest. Zum anderen hilft es dir, deiner Welt ganz klar und deutlich mitzuteilen, dass du bereit bist, mehr Fülle in deinem Leben zu beherbergen. Eine tolle Übung hierfür ist folgende:

- Reibe deine beiden Hände aneinander und aktiviere dadurch die zahlreichen Nervenbahnen und Energiepunkte in deinen Handflächen. Öffne nun beide Arme weit und strecke sie für zwanzig Sekunden nach oben in die Höhe! Bedanke dich dabei im Stillen bei deiner Welt und deinem Bewusstsein dafür, dass es dir ab jetzt zusätzlich zur bestehenden Fülle noch mehr Reichtum liefert.

Ich muss zugeben, dass ich mich oft ziemlich albern während dieser Übung gefühlt habe, und doch haben meine Handflächen förmlich geglüht, und es hat sich jedes Mal positiv auf mein Bankkonto ausgewirkt. Aus diesem Grund hat diese Übung auch ihren Platz in diesem Buch bekommen. Denn wenn wir uns schon zu schade sind, die Hände in die Höhe zu strecken und Fülle symbolisch zu empfangen, wie soll das Szenario des Geldeinladens dann erst in der Realität aussehen? Probiere es doch direkt einmal für dich aus!

Wie du Geld annimmst

Geld umgibt dich überall. Warum also dieses nicht in deinem Leben auf eine neue Art und Weise willkommen heißen?! Ich möchte, dass wir nun gemeinsam deinen Blick für Bargeld und unsichtbares Geld auf eine Rundumsicht von 360 Grad erweitern. Denn du darfst von nun an die Fülle wirklich von allerlei unterschiedlichen Wesen um dich herum annehmen.

Lass dich durch die folgenden Fragen auf eine neue Erkenntnisebene einschwingen, die dazu führt, dass du die Geschenke des Lebens noch inniger fühlen und annehmen kannst.

Dieser Bereich im Buch darf dir innerlich viel Frieden und vor allem Freiheit bringen, einfach dadurch, dass du die Fragen aus dem Bauch heraus beantwortest, auf dieses Papier schreibst und dadurch beabsichtigst, dass sich deine Welt freudig um deren Realisierung kümmern darf.

Es ist sehr wichtig zu wissen, welche Gefühle hinter den Wünschen stecken, um diese dann vielleicht sogar noch leichter in deinem Leben zu etablieren.

Wenn eine Stimme in dir beispielsweise spricht: »Wenn ich mehr Geld hätte, würde ich mir mehr Zeit für mich nehmen«, fragst du dich, welches Gefühl hinter dieser Handlung oder dem Gegenstand steckt. Daraufhin spricht die Stimme: »Ich fühle mich ausgeglichen und höchst zufrieden. Ich erlebe sehr schnell, was ich erleben möchte, und mein Leben sorgt dafür, dass meine Wünsche berechtigt sind.« In diesem Fall könnte es eine superschnelle Lösung sein, dass du einen Yogakurs belegst und dir somit mehr Zeit für dich nimmst. Die innere Ruhe, die über den Kurs kommt, wird gleichzeitig dafür sorgen, dass dein Geldthema schneller gelöst ist, weil hinter dem Wunsch nicht mehr ein so hoher Druck steht. Das Geld muss nicht mehr die Ruhe bringen, sondern diese hast du dir bereits anders erschaffen. Dein Wunsch kann sich so durch den geringeren Widerstand und Druck in deinem System schneller erfüllen.

- Los geht's, beantworte die Fragen ganz spielerisch und erkenne, welche Gefühle hinter deinen Wünschen stecken.

Welchen materiellen Wunsch möchtest du dir gern erfüllen, wenn du mehr Geld besitzt?

____

____

____

Welche Gefühle stecken hinter dem Besitzen? Wie fühlt es sich an, wenn du dies jetzt schon besitzt? Versetze dich in die Lage, als sei der Wunsch bereits erfüllt, um diese Frage zu beantworten.

____

____

____

Wie verhältst du dich, wenn du sehr viel Geld besitzt und in der Fülle lebst? Was tust du regelmäßig? Schreibe hier auf, welche Tätigkeiten zu deinem Alltag gehören würden. Bitte nimm hier keine Vorstellungen, die endlos weit von deiner jetzigen Situation entfernt sind. Es hilft immer, groß zu träumen. Das Grundlegende dabei ist jedoch, die Brücke zu deinem Ist-Zustand zu schlagen. Wähle deshalb Tätigkeiten, welche du in deiner aktuellen Lebenssituation tun würdest, wenn plötzlich sehr viel mehr Geld auf dein Konto fließt.

Welche Gefühle stecken hinter diesen Aktivitäten? Wie fühlt es sich an, wenn du dies bereits tust? Versetze dich in die Lage, als sei der Wunsch bereits erfüllt, um diese Frage zu beantworten.

Mit diesen vier Fragen erlaubst du dir, Fülle aus allen Bereichen zu entwickeln und diese in deine Zellen einzuladen. Wenn du möchtest, kannst du die Ergebnisse auf ein Absichtskärtchen schreiben und dir vornehmen, dass mehr von den entsprechenden Gefühlen dein Leben bereichern sollen. Du bist nun bereit, Geld auf viele unterschiedliche Weisen in deinem Leben anzunehmen. Wenn du etwas durch Geld bekommst, darf sich auch das Gefühl fortan mit einstellen, das du dir daraus erhoffst. Das ist so unglaublich wertvoll.

Ich danke dir von Herzen dafür, dass ich dich durch dieses Büchlein auf einem neuen Weg begleiten durfte, und ich freue mich sehr, wenn all die Frequenzen und Worte dich bereichern durften. Danke, dass es dich gibt und dass wir gemeinsam auf diesem Planeten Party machen. Du hast es so sehr verdient, deine Premiumvariante zu leben und zu genießen, und ich beabsichtige, dass dir jeder einzelne Tag mehr von deiner wundervollen Premiumvariante liefert.

Fragen über Fragen

Kann ich die Magische Handbewegung nach Belieben mal mit der rechten und mal mit der linken Hand machen?

Liebes, grundsätzlich würde ich es so einfach wie möglich halten und die Magische Handbewegung immer mit der gleichen Hand machen. Wenn du aus irgendeinem Grund diese Hand nicht verwenden kannst, gibt es natürlich die Möglichkeit, dass du einfach die andere verwendest. Doch der Sinn hinter der Bewegung ist, dass du das Gefühl deiner stabilen Zentralströme mit dem Gefühl der bewussten Absicht verankerst und die Absichtskraft dadurch immer intensiver und wirksamer wird. Deshalb würde ich die Magische Handbewegung immer mit der gleichen Hand machen – entweder mit der linken oder der rechten.

Im Buch steht, dass ich das Programm nur alle drei Monate machen sollte. Ich würde jedoch gern die Intentionen von deinen anderen Büchern setzen. Bezieht sich die dreimonatige Pause auch auf die anderen 7-Tage-Programme, sprich Band 1 und 2?

Du kannst das Programm jederzeit wiederholen, wenn es sich für dich richtig anfühlt. Ich würde es jedoch nicht übertreiben und vor allem nicht alle Intentionen an einem einzigen Tag auf einmal erneut setzen. Es hat einen Grund, warum die Intentionen Tag für Tag aufeinander aufbauen. Sie machen dein System energetisch für die Veränderung stabil. Maß und Mitte sind hier die Regel.

Wenn du beispielsweise nach diesem Programm gern das für die Beziehungen und das Zuhause machen würdest, ist das völlig in Ordnung, und du brauchst nicht auf den Zeitabstand zu achten. Ich würde das Programm jedoch grundsätzlich spätestens alle drei Monate – ob Band 1, 2 oder 3 – wiederholen, weil es dir immer wieder eine neue und tiefere Stärke verleiht. Zunächst wird sozusagen der Großputz gemacht, dann beim nächsten Durchgang die Möbel hineingestellt, danach folgt die Dekoration und immer wieder gibt es energetisch wie physisch etwas zu verbessern. Deshalb wird auch jedes einzelne Programm, selbst wenn es das gleiche Buch ist, immer wieder auf eine andere faszinierende Art wirken.

Woran erkenne ich am besten, dass die Intentionen wirken? Und wirken sie mit Sicherheit auch bei mir?

Liebes, die Premiumintentionen, die du setzt, können sich auf solch unterschiedliche Art auf dein Leben auswirken. Doch Wirkung haben sie immer! Achte besonders darauf, wie du dich im Alltag fühlst. Schau dir an, wie du in Momenten reagierst, die dich früher schnell auf die Palme gebracht haben. Wenn du dir bewusst bist, wo du an deine Grenzen gekommen bist, kannst du dir am leichtesten bewusst machen, was sich durch die Intentionen verändert hat. Manchmal kannst du genau bestimmen, dass beispielsweise über die Intention mit dem E-Mailpostfach mehr Reichtum und Fülle in dein Leben gekommen ist, und manchmal ist es eher schwammig und du fühlst einfach nur, dass du beschwingter durch den Tag gehst.

Vor allem die Abgleichtermine unter den Tipps im Kapitel »Nach dem 7-Tage-Programm« helfen dir, eine wundervolle Übersicht zu haben. Denn allzu oft übersehen wir es leider, wenn Probleme verschwunden sind. Auf eine Art ist das gut, weil wir nicht in der Vergangenheit hängen und dieses Problem hinter uns lassen konnten; auf eine andere Art ist es schade, weil manche dann davon ausgehen, es habe sich wenig getan, obwohl sich sehr viel in ihrem Alltag verändert hat. Deshalb mache auf jeden Fall die Abgleichtermine für deine Ziele, schreibe deine Intentionen auf, lese sie nach einem gewissen Zeitraum durch und achte einfach auf das Grundgefühl in deinem Alltag.

Wie finde ich meine Berufung? Ich habe nun eine Frage bezüglich deiner Rückverbindung mit der Seelenaufgabe. Das ist total spannend, und ich bin auch schon so lange daran, dies endlich leben zu dürfen. Wo und bei wem hast du das machen lassen?

Zunächst etwas Allgemeines: Meine Bezeichnung für die Berufung ist, wenn du das tust, was deine Gabe ist. Deine Gabe ist das, was dir besonders leichtfällt und für dich vielleicht als ein völlig normales, gegebenes Geschenk von Gott angesehen wird. Wenn du deiner Gabe folgst, kommen die richtigen Informationen und das nötige Geld zur rechten Zeit, und es ist jederzeit für dich gesorgt. Ich habe das bei mir mit den Quantengemälden auf einem Matrix-Seminar und vorher durch ein Channeling erfahren. Durch einen einfachen Zwei-Punkt wurde ich mit meiner Seelenaufgabe und all den benötigten Informationen rückverbunden. Innerhalb von drei Stunden und einige Heulkrämpfe später hat sich bei mir beruflich eine solche Klarheit gezeigt, dass ich mein Mathematikstudium sofort abgebrochen und mich dem Malen vollkommen gewidmet habe. Solch einen krassen Wechsel würde ich nicht jedem empfehlen. Mein Vater hat mich wirklich für verrückt erklärt …

Was bei dem Begriff Berufung auch gut zu wissen ist, ist, dass sich diese stetig mit dir verändert. Sie beinhaltet teilweise mehrere unterschiedliche Tätigkeiten und Gebiete und kann nicht immer auf einen einzigen Bereich beschränkt werden.

Um an deine eigene Berufung heranzukommen und diese zu leben, würde ich mich immer wieder fragen, was dir am meisten Freude macht, anschließend all diese Aspekte in einem Beruf zusammenführen und Intentionen dafür setzen. Darüber hinaus finde ich das Buch »Bewusstsein als neue Währung« von Brandon Bays und Kevin Billett sehr hilfreich. Gerne kann ich für dich auch einen solchen Zwei-Punkt mit einer Rückverbindung mit deiner Seelenaufgabe bei einem Premiumvariante-Coaching machen. Fakt ist, der Weg zu deiner Premiumvariante und somit auch deiner Berufung ist und bleibt ein Weg. Doch ich beabsichtige, dass er, während du dies hier liest, für dich bereits geebnet wird und es dir unglaublich leichtfallen wird, deine Berufung zu erkennen und zu leben. Es darf leicht sein! BÄM!

Was ist, wenn ich einen Gegenstand nicht in meinem Zuhause habe?

Spatz, wenn du einen Gegenstand aus einem der 8 x 8 Premiumintentionen-Programme nicht haben solltest, ist dies kein Problem. Es gibt für dich in diesem Fall zwei Möglichkeiten. Die erste ist, die Intention allgemein auf diese Gegenstände in deiner Welt zu setzen. Wenn du beispielsweise keine Spardose oder keinen Facebook-Account hast, kannst du die Premiumintention stattdessen allgemein auf Spardosen setzen und stellst dir irgendeine Spardose vor. Vielleicht habt ihr in der Kaffeeküche am Arbeitsplatz eine Spardose, an die du denken könntest. Alternativ stellst du dir einfach irgendeine Spardose vor. Diese muss nicht physisch existieren.

Bei der zweiten Variante kannst du die Intention auf einen anderen Gegenstand in deinem Zuhause ablegen. Nehmen wir als Beispiel wieder das fehlende Facebook-Profil. Stattdessen könntest du die Intention auf deinen Briefkasten setzen oder für die Briefe von deiner Krankenversicherung. Lasse deiner Fantasie freien Lauf und vertraue deiner Intuition. Sie wählt den richtigen Gegenstand dafür aus.

Wichtig ist, dass du die Intention auf jeden Fall setzt, unabhängig davon, ob du den Gegenstand hast oder nicht. Das ist aus dem Grund wichtig, weil die Intentionen in diesem Buch aufeinander aufbauen.

Was, wenn Intentionen für Gegenstände sich mit denen aus Band 1 und 2 überschneiden?

In diesem Band wurden ein paar Gegenstände, welche ich im letzten 8 x 8 Premiumintentionen-Buch bereits verwendet habe, erneut für das Setzen von Intentionen benutzt! Das wirkt natürlich trotzdem, wenn nicht sogar mehr. Die Intentionen summieren sich auf und stärken dein Umfeld sowie dein Resonanzfeld! Der einzige Punkt, an dem das Intentionen Setzen zu viel sein könnte, ist, wenn du es aus Verzweiflung oder einer Hektik heraus tust. Dann ist die Wirkung etwas geschwächt. Doch das kommt eher selten vor!

Die Intentionen, die einen Gegenstand doppelt belegen, wirken doppelt, das war meine bewusste Absicht, als ich die Gegenstände ausgewählt habe. Wie schon gesagt, du darfst dich für die Zeit dieses 7-Tage-Programms entspannt zurücklehnen, denn es ist für alles gesorgt!

Ich habe schon so viele Dinge ausprobiert, um meine Finanzen zu verbessern, und habe Angst, dass ich dieses Mal auch enttäuscht werde. Leider scheint wenig Geld zu haben wirklich ein Lebensthema von mir zu sein. Was kann ich tun, damit das Programm auf jeden Fall viel bewirkt?

Wie fühlt sich folgende Idee für dich an: Wie wäre es, wenn dieses Lebensthema genau in diesem Jahr gelöst ist und du ab sofort dein Leben genießt und dich um ganz andere Dinge kümmern darfst?

Zum einen ist deine Angst vor erneuter Enttäuschung berechtigt, denn schließlich hast du bereits öfter Rückschläge erlebt oder wurdest durch deine Erwartungen enttäuscht. Wenn du bestimmte Dinge schon oft oder sogar als einen Dauerzustand erlebt hast, fällt es manchen schwer, an Neues zu glauben. Ich denke, du gehörst nicht zu diesen Menschen, denn du hast dieses Buch in der Hand und bist gewillt, über den Schmerz hinaus zu gehen und das Glück in dein Leben einzuladen und genüsslich auszukosten. Nichtsdestotrotz ist es, wenn du aktiv etwas an irgendeiner bestehenden, eventuell sogar chronischen Situation verändern möchtest, an der Zeit, die typischen Gedankenmuster immer mehr zu durchbrechen und durch gute, hilfreiche zu ersetzen. Das kannst du sehr gut über eine große Anzahl an Premiumintentionen erreichen.

Das Hauptproblem, warum Menschen die Veränderung nicht wahrnehmen, ist, dass sie nach den Übungen wieder in den normalen Wahnsinn gleiten und gar nichts vom Gelernten umsetzen. Sie motzen, wettern, sind ständig unzufrieden oder unsicher und von Ängsten geplagt. Für sie ist scheinbar nirgends etwas Gutes zu finden, auf das man sich verlassen kann. Beziehungsweise man muss sich in Acht nehmen, dass das Gute nicht schon bald wieder genommen wird.

Wenn du möchtest, dass das Programm auf jeden Fall viel bewirkt, achte vor dem Setzen der Intentionen besonders darauf, einmal tief ein- und auszuatmen. Dafür brauchst du keine besondere Konzentration. Tu es einfach, ohne eine spezielle Absicht. Und darüber hinaus ist es hilfreich, das Plappermaul im Hintergrund auszuschalten. Ich meine das Plappermaul, das dir erzählen möchte: »Mache ich das richtig? Wirkt das überhaupt bei mir? Oje, ich fühle gar nichts!« Diese Worte waren vielleicht an irgendeinem Punkt in deinem Leben von Nutzen, aber jetzt darfst du diese loslassen und die Selbstzweifel und den Selbsthass in Liebe begraben.

Wenn die Stimme auftaucht, setzt du zügig die Intention: »Ich beabsichtige durchdringend, mir gutzutun. Ich beabsichtige, dass ich mir selbst in meinem Kopf, meinem Herzen und mit meinem Körper, Geist und meiner Seele mit Leichtigkeit begegne, und das mit jedem Moment mehr.« Daraufhin machst du dreimal die Magische Handbewegung, und wenn ein neuer Zweifel aufkommen sollte, machst du dies direkt noch mal.

So kannst du dann im 7-Tage-Programm mit den Premiumintentionen wie im Buch angegeben fortfahren. Du kannst dir ganz sicher sein, dass du so für dich die beste Wirkung erzielst. Und wenn dir das noch nicht genug sein sollte und du zu den Superfleißigen gehörst, die wirklich jede Gelegenheit für ihre Premiumvariante nutzen wollen, kannst du zusätzlich das kostenfreie Bonus-Programm machen, das zu diesem Buch gehört. Informationen dazu findest du auf Seite 127.

Danksagung

In tiefer Demut bedanke ich mich bei meiner Welt, die sich so gut um mich kümmert und mir solch tolle Wegweiser liefert.

Danke schön, Mama und Papa für euren liebevollen Back-up. Bruderherz, dir danke ich für deine bedingungslose Liebe.

Es ist mir eine Ehre, mit solch wundervollen Menschen meine Zeit verbringen zu dürfen und immer wieder neue grandiose Erkenntnisse zu gewinnen. Danke dafür lieber Marc, liebe Sabrina, Dagmar, Tanja, Meri, Kiki, Colette und AHS Gruppe.

Vor allem auch möchte ich dir als Leser danken. Für all die liebevoll berührenden und bestärkenden Worte. Ich beabsichtige, dass sich diese Liebe vielfach auf dich zurückreflektieren möge.

Magische Handbewegung für Finanzen mit Jayc Jay

Auf Seite 34 und 40 lernst du die Magische Handbewegung kennen, mit der du deine Intention verstärkst und boosterst.

Hinter dem QR-Code verbirgt sich der Link zu einer Website, auf der du ein von mir zusammengestelltes Bonus-Programm findest. Ich zeige dir, wie du die Magische Handbewegung für die Vermehrung deines Reichtums und Geldes noch verwenden kannst.

Du darfst dich auf drei coole Videos freuen und bekommst premiummäßige Unterstützung in Sachen Zeitmanagement, Fülle annehmen und Buchhaltung als Geschäfts- und Privatperson.

Scanne dafür einfach diesen QR-Code mit deinem Smartphone oder gib im Internet folgende Adresse ein, um zu den kostenfreien Videos zu gelangen:

www.8x8premiumintentionen.de/finanzen

VERWANDLE DEIN ZUHAUSE IN EINE DYNAMISCHE KRAFTQUELLE!

Jayc Jay
8 x 8 Premiumintentionen
Das Zuhause energetisieren
und Wünsche erfüllen
Das 7-Tage-Programm

Mit dieser neu entwickelten Methode wird das persönliche Umfeld energetisiert. Bereits nach sieben Tagen nimmt man die stärkende Wirkung wahr. Das Besondere ist, dass das Vorgehen so verblüffend einfach wie wirkungsvoll ist. Mithilfe 8 x 8 positiv formulierter Absichten, den Intentionen, werden Gegenstände in der Wohnung besprochen und wie eine Batterie aufgeladen.

Es ist faszinierend zu erleben, wie sich die Umgebung innerhalb des geometrischen Gitternetzes von 64 Tetraedern auf die Frequenz persönlicher Ziele und Wünsche einschwingt.

112 Seiten
€ [D] 10,00 / € [A] 10,30 / sFr 13,90
ISBN: 978-3-7934-2289-1
www.allegria-verlag.de

Allegria